Inhaltsverzeichnis

Vorwort

Der „Werther" hat seit 1774, seinem Erscheinen, interessierte Leser gefunden. Er hat jeder Zeit etwas zu sagen gehabt, und jede Zeit hat ihn für sich vereinnahmt. Die verschiedensten Methoden der Interpretation wurden auf ihn angewendet, und Teilaspekte des Werkes, wie z.B. der Selbstmord Werthers oder die Liebesgeschichte, wurden im einzelnen untersucht.
Bei der vorliegenden Untersuchung stand ein Merkmal des Werkes im Vordergrund, das mir bestimmend zu sein scheint, nämlich die durchgehende Widersprüchlichkeit aller Aussagen, die gemacht, und aller Positionen, die dargestellt werden.
Helmut Schmiedt (s. Kapitel „Interpretationen") spricht davon, daß „die strikte Einrede gegen jede vorgeprägte Sinngebung des Lebens, sei die 'systemkonform' oder nicht, sei sie den christlichen Idealen oder einer Säkularisation des Denkens verpflichtet, das eigentliche Provozierende und Revolutionäre, letzthin auch bis heute das Moderne des Werkes" sei.

Es darf also angenommen werden, daß eine Betrachtung des „Werther" unter dem leitenden Aspekt „Widersprüchlichkeit" keinen Blick verstellt, sondern Platz läßt für weitere, neue Betrachtungsweisen.

Didaktisch-methodische Überlegungen

Didaktisch-methodische Überlegungen können immer nur Anregungen sein. Sie sind sinnvoll und auch berechtigt, weil nicht jeder Deutsch-Lehrer spezialisiert sein kann auf Texte aller Epochen, die im Unterricht der Sekundarstufe I und II behandelt werden sollen. Sie dürfen aber nicht den Anspruch erheben, verbindliche Muster des Vorgehens im Unterricht darstellen zu wollen. Die Gründe für diese Forderung nach Zurückhaltung liegen in der Beschaffenheit der Texte selber und in den sich mit der Zeit wandelnden Betrachtungsweisen, denen sie ausgesetzt sind, ihrer Rezeption also.
Die folgenden Anregungen setzen voraus, daß der Text in der Oberstufe des Gymnasiums gelesen wird und daß die Schüler bestimmte Erarbeitungsverfahren, wie z. B. das Exzerpieren, auch das Ordnen von Details, Aspekten etc. gelernt haben.
Wie auch immer der Lehrer im Verlauf des Unterrichts die Schwerpunkte setzen mag – er wird sich dabei von den Interessen der Schüler leiten lassen – an der Erarbeitung bestimmter Gesichtspunkte wird er nicht vorbeikommen, da das Werk sie sozusagen selber diktiert. Es handelt sich um

1. Werthers Person und seine Problematik
2. die Konstellation der drei Hauptpersonen
3. Werthers Verhältnis zu Natur und Gesellschaft
4. Werthers Selbstmord
5. die Form des Romans, seine Struktur und seinen Stil.

Die Auflistung von wichtigen Begriffen, Episoden und Motiven auf S. 133/34 bietet dem Lehrer die Möglichkeit, Teil-Aspekte, die bei der Behandlung dieser Hauptgesichtspunkte angesprochen werden, gezielt untersuchen zu lassen.
Wie der Lehrer bei der Erarbeitung der fünf genannten Gesichtspunkte vorgeht, in welcher Reihenfolge und unter welcher methodischen Fragestellung er die einzelnen Punkte behandeln will, dafür gibt es verschiedene Wege.
Einen besonders geeigneten Weg scheint mir die Betrachtung der Perspektive anzubieten (s. Kapitel „Erzählperspektive").
Da die Wahl der Perspektive durch einen Autor eine Rezeptionsvorgabe für den Leser bedeutet, kann ein Einstieg in den Text über die Rezeption der Schüler erfolgen. Sie werden sich

auf die Perspektive, die der Autor für seine Hauptfigur gewählt hat, mehr oder weniger eingelassen und sie werden vermutlich auch Rezeptionswiderstände aufgebaut haben, die z. B. aus dem großen zeitlichen Abstand, den sie vom „Werther" haben, zu erkären sind. Die Perspektive des Autors ruft gleichsam die „Gegenperspektive" des Lesers, in diesem Falle der Schüler, hervor.

Bei der Sammlung der Reaktionen im Klassengespräch wird sich zeigen, daß beide Sichtweisen, die des Autors und die dadurch ausgelöste der Schüler – und sie ist es, die den Verstehensvorgang bestimmt – in Wechselwirkung miteinander treten müssen, damit der Text nicht mißverstanden oder nur partiell verstanden wird. Damit wird er selbst nun zum Gegenstand des Unterrichtsgespräches und gezielter Untersuchungen werden. Diese werden sich auf bestimmte inhaltliche und formale Elemente richten, die durch die Perspektive, die der Autor gewählt hat, festgelegt sind. Im Falle des „Werther" dürften solche Untersuchungen nicht schwer sein, da die Erzählperspektive eindeutig und leicht zu identifizieren ist.

Mit den genannten Untersuchungen gewinnen Lehrer und Schüler einen zentralen Zugang zum Werk. Von ihm aus lassen sich auch die oben erwähnten wichtigen Gesichtspunkte erarbeiten.

Die Frage nach der Rezeption des Textes durch die Schüler wird natürlich auch zur Frage nach der Rezeption des Werkes in der Vergangenheit führen. Soll auf diese Fragestellung im Verlauf der Unterrichtseinheit größerer Wert gelegt werden, so bietet das Kapitel „Rezeption" einen Einstieg an.

In vergleichbarer Weise sollen auch die übrigen Kapitel Anregungen und Hilfen bei der Erarbeitung des Textes sein.

Kommentierte Inhaltsangabe zu Goethe, Die Leiden des jungen Werther

Briefroman

Goethe hat für seinen Roman die Briefform gewählt. Der einzige Schreiber der Briefe ist Werther. Er richtet sie an seinen Freund Wilhelm. In einem kurzen Vorspann, der vor dem 1. Brief steht, den W. schreibt, und im 2. Teil des Romans bedient sich Goethe aber auch der Fiktion eines Herausgebers, der die Veröffentlichung der Briefe verantwortet und über Werthers Ende berichtet.

Herausgeberfiktion

Diese Fiktion ist eine Form der Objektivierung und der Distanzierung. Das wird zu Beginn besonders deutlich und ebenso später, wenn der Herausgeber das Ende der Geschichte berichtet, also nach dem 6. 12. 1772.
Der fiktive Herausgeber redet den Leser nämlich an. Er verweist darauf, daß er alle Zeugnisse über Werthers Leben gesammelt habe, und empfiehlt dessen Schicksal den Lesern. Er appelliert an ihre Reaktionen auf das Buch, indem er es als „Trost" und „Freund" empfiehlt. (Das ist in der Literatur der 70iger Jahre des 18. Jahrhunderts ein Novum.)
Es geht ihm aber nicht darum, daß die Leser Werthers Ende nachahmen, sondern darum, daß sie „Trost aus seinem Leiden" schöpfen, also um Katharsis (Läuterung), nicht Mimesis (Nachahmung).

Die 2 Teile des Romans und ihr zeitlicher Rahmen

Der Briefroman besteht aus zwei Teilen, die im Umfang einander etwa entsprechen. Der erste Teil umfaßt die Zeit vom 4. 5. 1771 bis zum 10. 9. 1771 und enthält die Briefe Werthers an seinen Freund Wilhelm, von dem aber keine Antwortbriefe vorliegen. Der zweite Teil umfaßt die Zeitspanne vom

20.10.1772 bis zum Selbstmord Werthers in der Nacht vom 22.12. auf den 23.12.1772. Dieser Teil besteht etwa zur Hälfte aus den Briefen Werthers an seinen Freund, aber auch einem an Lotte (20.1.1772), und dem Bericht des fiktiven Herausgebers, der sich bei seiner Schilderung und Kommentierung der beiden letzten Wochen von Werthers Leben auf Augenzeugen-Aussagen, Tagebuchblätter und Briefe Werthers bezieht.

Erstes Buch

Die ersten 10 Briefe vom 4.5. bis 30.5.

In den ersten 10 Briefen, die W. im Mai 1771 an seinen Freund Wilhelm schreibt, klingen nicht nur alle Themen an, die für Werthers Erleben, sein Denken und Fühlen bestimmend sind, sondern es wird darüber hinaus die Erlebnisweise deutlich, die für ihn charakteristisch ist, daß er nämlich die Welt in Gegensätzen erfährt und daß er sie niemals nur erleben kann, sondern immer auch reflektieren muß. Gleichzeitig wird der Leser in die Örtlichkeiten eingeführt und auf die Personenkreise verwiesen, die vor Beginn des Romans eine Rolle spielten und im weiteren Verlauf von Bedeutung sein werden. Die Briefe gewinnen dadurch im Gesamtaufbau des Werkes so etwas wie den Charakter einer Exposition.

Zügiger Aufbau des Romans

Der Begriff aus der Dramentheorie scheint in diesem Zusammenhang erlaubt, da der ganze Roman zügig aufgebaut und auf die Katastrophe hin orientiert ist.

W. ist ein gebildeter junger Bürgerlicher, der vertraut ist mit den geistigen Auseinandersetzungen seiner Zeit über Fragen der Philosophie, der Literatur, der Kunst.

W. leidet unter der Einge-

Er leidet unter der Eingeschränktheit der menschlichen Existenz und der Einschrän-

schränktheit der menschlichen Existenz und der Einschränkung durch die bürgerlichen Konventionen.

kung durch die bürgerlichen Konventionen. Er erfährt diese an seiner eigenen Person, z. B. an den Schranken, denen sein Fühlen- und Erlebenkönnen unterworfen ist. Er fühlt sich aber auch eingeschränkt durch die beengenden Verhältnisse des bürgerlichen Daseins mit seinen Normen und Konventionen. Er hat sich diesem entzogen, indem er seinen Heimatort verlassen und Aufenthalt in einer anderen Stadt genommen hat.

W. sucht einen Neuanfang

Er ist offensichtlich zur Zeit nicht genötigt, seinen Lebensunterhalt zu verdienen, so daß der Ortswechsel anderen Zwecken dienen kann: W. sucht einen Neuanfang für die Gestaltung seines persönlichen Lebens und dadurch neuen Sinn für sein Leben, ohne daß er jedoch konkrete Pläne für den Inhalt und Ablauf seiner Tage hätte. Bei seiner Suche leiten ihn Vorstellungen von Einfachheit, Ursprünglichkeit, Natürlichkeit, den Gegensätzen von Kompliziertheit, Künstlichkeit, Zivilisation.

beim einfachen Volk und in der Ausübung von Kunst

Diese führen ihn z. B. zum einfachen Volk, zum Erlebnis der Natur und zur Ausübung von Kunst. Mit diesen Ausschnitten des Lebens befaßt er sich nämlich in der folgenden Zeit und vermeidet es, in die Zwänge des gesellschaftlichen Lebens, die auch an seinem neuen Aufenthaltsort gegeben sind, zu geraten.

Wichtige Themen

Wichtige Themen der ersten 10 Briefe sind: Werthers familiärer Hintergrund, Freund, Natur – Gott, Jahreszeit, Homer, Gesellschaft/Stände, Kunst – Regeln, eigene Produktivität, Selbstmord.

Personen und Örtlichkeiten

Personenkreise und Örtlichkeiten:
Die einfachen Leute, das Volk, der Bauernbursche, die Stadt, der Brunnen, Wahlheim.

Der erste Brief vom 4. 5.

Der erste Brief gibt Aufschlüsse über Werthers Beziehung zum Freund, dem Empfänger der Briefe, wendet sich in einem Rückblick vergangenen Zuständen zu und endet mit Angaben über seinen neuen Aufenthaltsort, die Stadt, die Umgebung und die Jahreszeit.

Rückblick auf die Vorgeschichte: W. ist von zu Hause geflohen

W. ist von zu Hause geflohen. Er hat Verhältnisse verlassen, die ihm unerträglich geworden sind. Er ist in einer fremden Stadt angekommen. Der Freund, an den er schreibt, ist sein langjähriger Vertrauter und eingeweiht in alle Umstände, die sein Leben betreffen. Er steht W. auch näher als die Mutter. An diese ist kein Brief im ganzen Roman gerichtet. Wilhelm ist die Schaltstelle, über die W. mit seiner Familie – es lebt nur noch die Mutter – verkehrt.

Familie und Freunde sind W. beschwerlich geworden

Auch rein familiäre Angelegenheiten teilt er der Mutter durch Wilhelm mit. Da W. seinem Freund Wilhelm in diesem Brief verspricht, nicht mehr zu klagen, sondern sich zu bessern, da er sich Vorwürfe deswegen macht, daß er froh ist, von zu Hause fort zu sein, obwohl damit die Trennung von dem Freund verbunden ist, gewinnt der Leser den Eindruck, daß auch das Freundschaftsverhältnis zu den „Verbindungen" gehört, die W. beschwerlich wurden. Der Freund, er gehört zur bürgerlichen Welt, der W. entflohen ist, scheint dessen Kompromißlosigkeit mit Sorgen zu sehen und mäßigend auf ihn einzuwirken.

W. bezieht sich in Andeutungen auf zurückliegende Verhältnisse und Ereignisse, die zu ihrem Teil dazu beigetragen haben, daß es ihn von zu Hause fortdrängte.

Andeutungen über die Gründe für Werthers Flucht

Der Charakter der Andeutung kommt für den Leser dadurch zustande, daß W. bei seinem Freund die genaue Kenntnis der Verhältnisse voraussetzen und sich damit begnügen kann, sich auf sie zu beziehen. Der Leser erfährt auf diese Weise nur das Nötigste, nämlich daß ein Mädchen, Leonore, sich leidenschaftlich in W. verliebt hatte, daß es jedoch ihre Schwester gewesen war, die in W. ein gewisses Interesse erregt hatte. Goethe kommt im weiteren Verlauf des Romans nicht mehr auf dieses Bezugsfeld zurück.

W. hat noch keine leidenschaftliche Liebe erlebt

W. ist also interessant für Frauen, hat aber selbst noch keine leidenschaftliche Liebe erlebt.

Zu den zurückliegenden Ereignissen gehört auch ein Besuch bei einer Tante. Werthers Mutter hat ihn dorthin geschickt, um einen Erbschaftsanteil einzufordern, den diese Tante zurückgehalten hat. Er hat es verstanden, sich mit der Tante zu arrangieren, so daß die Angelegenheit bereinigt ist. W. hat Geschick im Umgang mit Menschen und im Verhandeln. Er ist nicht lebensunfähig.

Werthers neue Umgebung

Die neue Stadt, in der W. jetzt lebt, gefällt ihm nicht, die Gegend, in der sie sich befindet, umso mehr. Er hat einen Aufenthaltsort gefunden, der ihm zusagt und in dem er den Frühling genießen kann.

Der Garten des Grafen von M.

Es ist der Garten des verstorbenen Grafen von M., der auf einem Hügel liegt. Dieser Garten entspricht seiner Vorstellung von Natur, da er nicht im französischen Stil, d. h. geometrisch, angelegt ist, sondern im englischen Stil.

Französische Gärten – Englische Gärten

Der englische Stil löste im 18. Jhdt den französischen ab. In französischen Gärten des 17./18. Jhdts war die Natur dem Willen des Menschen unterworfen. Die gesamte Anlage des Gartens, die Form der Beete, Bäume und Büsche – sie waren häufig zu grotesken Formen verschnitten und wirkten wie gedrechselt – stand unter dem Gesetz der bewußten Form. Der Mensch drückte der Natur seinen Stempel auf. Ausgehend von England wur-

Bewußte Form gegen Natur

den im 18. Jhdt Gärten beliebt, die so gehalten wurden, als seien sie Natur. Man protestierte mit diesen Gärten gegen alles, was steif, regelmäßig und geometrisch war, und man begeisterte sich für das Organische, Unregelmäßige, Pittoreske, Natürliche. Die neuen Gärten und Parks durften den Gestaltungswillen des Menschen nicht erkennen lassen. Sie sollten dokumentieren, daß die Natur nicht mehr dem menschlichen Gestaltungswillen unterlag, sondern daß sie sich, ihren eigenen Gesetzen folgend, organisch entfaltete.

Die Bedeutung der Jahreszeit für Werthers innere Entwicklung

In der Umgebung der Stadt und in diesem Garten erlebt W. den Frühling. Die Jahreszeit ist in beiden Teilen des Buches mit Werthers innerer Entwicklung eng verbunden. Der Frühling entspricht seiner Hoffnung auf Neuanfang und Glück. Herbst und Winter im 2. Teil begleiten seinen Untergang.

Das Wort „Herz" kommt im 1. Brief siebenmal vor und ist im ganzen Roman ein häufig gebrauchtes Wort. Das ist kein Zufall.

„Herz" als zentrales Organ von Werthers Erleben

Denn W. bezieht alles, was ihm widerfährt, auf sein Herz. Es ist das zentrale Organ seines Erlebens. Goethe charakterisiert W. damit als einen Vertreter der empfindsamen Seelenkultur seiner Zeit.

W. als Vertreter der empfindsamen Seelenkultur seiner Zeit, die auf Pietismus und Empfindsamkeit zurückgeht

Diese ist nicht zu verstehen ohne die Bewegung des Pietismus, einer religiösen Strömung, die im 17. Jhdt als Gegenbewegung gegen die erstarrte Form der protestantischen Kirchengläubigkeit entstand und weit ins 18. Jhdt hineinreichte. Ihr Hauptkennzeichen ist die uneingeschränkte Hinwendung zu Gefühl und Phantasie im religiösen Leben, wodurch erstmals das innere Gotteserlebnis jedes einzelnen Menschen in den Vordergrund trat und das Interesse für die subjektiven Tiefen der Einzelseele geweckt wurde.

Mit den Begriffen „empfindsam" und „Empfindsamkeit" ist eine literarische Strömung gemeint, die das durch den Pietismus erwachte Interesse für die Gefühle und damit die Vorgänge in der Seele des einzelnen Menschen aufnahm und literarisch u.a. in Selbstanalysen, z.B. Briefen, Gesprächen, Tagebüchern, verarbeitete.

6 Briefe zwischen dem 10. u. 22. 5.

In den folgenden 6 Briefen, die 12 Tage umfassen, schildert W. die neue Umgebung und erzählt von Bekanntschaften, die er macht. Gleichzeitig enthalten diese Briefe Reflexionen über das Verhältnis der eigenen Person zur Natur und zu Gott, die für W. eng miteinander verbunden sind, und zu den Personen und Problemen, die für W. in der neuen Umwelt bedeutsam werden.

W. empfindet sich als herausgelöst aus dem sozialen Abhängigkeitsgeflecht. Er glaubt in einem Freiraum am Rande der Gesellschaft zu sein, wo er ganz sich selbst überlassen leben kann. Er muß erfahren, daß der Versuch, allein den Bedürfnissen seiner Natur zu folgen, ihn abhängig macht von seinem Existenzgefühl. Nur das Gefühl der Autarkie des eigenen Selbst kann ihm nämlich jetzt noch garantieren, daß sein Leben sinnvoll ist.

Es zeigt sich, daß W. nur punktuell zu einem solchen Gefühl fähig ist und daß dieses nicht aus natürlicher Instinktsicherheit hervorgeht (s.z.B. Brief 27.5.), sondern aus der Übersteigerung und Verabsolutierung einzelner Erlebnisse und der darin enthaltenen Bestandteile von Wirklichkeit. Die Folge davon ist, daß selbst in Augenblicken höchsten Erfülltseins eine beunruhigende Abgründigkeit spürbar wird.

Der vielbeachtete Brief vom 10. 5.

Der Brief vom 10. 5. ist ein gutes Beispiel für diesen Sachverhalt. Er hat seit dem Erscheinen des Buches besondere Aufmerksamkeit gefunden sowohl wegen seines *Inhaltes* und der in ihm angesprochenen *Problematik* als auch wegen seiner *Form.*

Inhalt: Werthers Naturerlebnis

W. erlebt einen Maimorgen und schildert dieses Erlebnis. Die Grenze zwischen Ich und Außenwelt ist aufgelöst. W. spricht davon, daß „die Welt um mich her und der Himmel ganz in meiner Seele ruhn." Das Ich geht auf in der Natur, es ist Natur. In diesem Zustand erfährt es durch Einzelheiten, die im allgemeinen unbeachtet bleiben, „das Wimmeln der kleinen Welt" nämlich – die innige Verbundenheit mit seiner Umwelt. Diese wird ihm zum Erlebnis der „Gegenwart des Allmächtigen".

Werthers religiöse Erfahrung

Werthers Naturerlebnis ist also religiöser Art. Er erfährt Gott in der und durch die Natur. Die Welt ist in Gott, „der uns nach seinem Bilde schuf, [...] der uns in ewiger Wonne [...] trägt und erhält [...]" Diese Art religiösen Erlebens, nach welchem Gott nicht in der Welt, „sondern die Welt in Gott sei",[1] wurde später Panentheismus genannt.

Panentheismus Pantheismus

Sie steht in enger Verbindung zur Weltansicht des Pantheismus, die seit der Antike bekannt war und im 17. und 18. Jhdt bedeutende Vertreter fand. Nach dieser Sicht ist Gott „die Substanz der Welt, alles übrige, Körper und Seelen, sind nichts als Modifikationen, wechselnde Zuständlichkeiten der göttlichen Substanz [. . .] Gott ist selbst Körper und Seele [...]"[2]

Werthers religiöses Naturgefühl ist verkettet mit allen andern starken Empfindungen, zu denen er fähig ist, mit Liebe, Entzückung, Begeisterung, später auch mit Verwirrung und Verzweiflung. Es ist die Wurzel für seine Betrachtung der Welt und der Menschen.

---

1) Aster, E.v., Geschichte der Philosophie, 11. Aufl., Stuttgart 1956. S. 212
2) a. a. O. S. 213

Goethe steht, indem er W. die Natur auf diese Weise erleben läßt, in engem Zusammenhang mit Rousseau.

Der Naturbegriff Rousseaus (1712–1778)

Die Natur ist gut

Rousseau führte alle Übel seiner Zeit auf die Entfremdung des Menschen von einem angenommenen ursprünglichen, natürlichen Zustand zurück. Dieser zeichnete sich seiner Meinung nach dadurch aus, daß der Mensch in Übereinstimmung mit der Natur und dadurch auch mit sich selber lebte, daß er ein „homme naturel" war, der noch nicht die Einfachheit und Reinheit der natürlichen Anlagen durch die Zivilisation verloren hatte wie der „homme civil". Die Natur ist für R. voll ursprünglicher Güte ebenso wie die Menschennatur, beide sind hervorgegangen aus der Hand des Schöpfers. Rousseau ist optimistisch in bezug auf die Natur allgemein und die Natur des Menschen im besonderen. Er glaubt, der Mensch könne durch Rückkehr zur Natur die ursprüngliche Ganzheit seines Erlebens, Fühlens und Denkens wiedergewinnen. Die Entwicklung der Zivilisation empfindet Rousseau als Verderbnis, als Verstümmelung der ursprünglichen Schöpfung. Seine Schriften sind flammende Proteste gegen die Zivilisation seiner Zeit. Sie richten sich z. B. gegen das ständische Denken, gegen Wissenschaft und Künste, gegen die herrschenden Erziehungspraktiken, ganz allgemein die herrschenden Lebensformen.

Der Naturbegriff Goethes weicht von dem Rousseaus ab: Die Natur ist auch zerstörerisch

Die Wirkung von Rousseaus Natur-Evangelium auf seine Zeitgenossen kann nicht hoch genug veranschlagt werden. Auch Goethe hat sich ihr nicht entziehen können. Aber er übernimmt dieses Evangelium nicht kritiklos, sondern verändert es: Die Natur ist bei ihm keine uneingeschränkt gütige Macht. Sie ist ebenso eine „verzehrende Kraft", „ein ewig verschlingendes, ewig wiederkäuendes Ungeheuer". (Brief vom 18.8.1771)

Problematik:
1. Die Umsetzung von Erlebnis in geformten Ausdruck gelingt nicht.
2. Herrlichkeit wird zu Gewalt

Indem W. also die äußere Natur in völliger Harmonie mit seiner eigenen erlebt, überkommt ihn das Bedürfnis, dieses Erlebnis in Worte zu fassen, es aus sich herauszustellen und zu vergegenständlichen. Er muß aber die Erfahrung machen, daß er nicht schreiben kann. Seine kreativen Kräfte sind schwächer als seine Gefühlskräfte. Diese Erfahrung ist eng mit einer weiteren verknüpft: Das rauschhafte Gefühl für die „Herrlichkeit" der Naturerscheinungen wandelt sich ihm zum Erlebnis von etwas Gewaltsamem, dem er zu erliegen fürchtet.

Form: Prosa nähert sich der Lyrik

Die Form des Briefes entspricht dem Inhalt: Werthers innere Bewegung sprengt fast den Rahmen des Briefes. Die Prosa nähert sich der Lyrik. Man kann dies deutlich machen, wenn man einen Teil des Briefes (s. „Wenn das liebe Tal um mich dampft" bis „Spiegel des unendlichen Gottes" in eine andere Form bringt, indem man die einzelnen Aussagen jeweils in eine Zeile setzt. Der rhythmische Charakter von Goethes Prosa wird dadurch anschaulich.

12.5.
13.5.
15.5.

Am Beispiel des Brunnens, der einfachen Leute und der Kinder wird nachvollziehbar, was W. unter Natur, Einfachheit und Ursprünglichkeit versteht und wovon er sich angezogen fühlt. Damit wird faßbar, was er ablehnt und wovon er sich abgesetzt hat.

W. hat sich vom Wertesystem der Aufklärung abgesetzt.
Er sucht Natürlichkeit, Einfachheit, Ursprünglichkeit

W. ist den Konventionen der bürgerlichen Welt entflohen, weil sie nicht nur das gesellschaftliche Leben beherrschen, sondern auch das geistige, angefangen von der Religion bis zu Kunst und Wissenschaft. Damit ist ein konkreter Sachverhalt angesprochen. Vernunft und Tugend waren die maßgebenden und daher übergeordneten Werte, nach denen das emporstrebende Bürgertum, aber auch adlige Kreise, im 18. Jhdt das öffentliche und private Leben zu ordnen suchten. Die Kraft der Vernunft galt weiten und tonangebenden Kreisen als die wichtigste Kraft des Menschen. Sie wurde absolut gesetzt, und aus ihr wurden Regeln vernünftigen Handelns abgeleitet. Sie wurden abgesichert durch ein System moralischer Werte, in dem Tugend = Vernunft war. Man mußte vernünftig sein, um tugendhaft handeln zu können. Das entsprach bürgerlichen Wertvorstellungen wie Fleiß, Sparsamkeit, Gewissenhaftigkeit und Pflichtbewußtsein, die von der Kanzel, in den Schulen und in der Publizistik verkündet wurden. Ebenso entsprachen ihnen Vorschriften für das moralische Verhalten und seine Vervollkommnung wie auch Anweisungen darüber, was Werke der schönen Künste und Wissenschaften zu leisten hatten. Dafür ein Titel als Beispiel: „Wie kann die Seele durch das Studium der schönen Künste zum wahren Guten geführet werden?"[1)] Auch sie nämlich standen im Dienst von Vernunft und Tugend und hatten auf ihre Weise zur Erhaltung des gesamten Systems beizutragen. Nichts war ohne Zweck und Nutzanwendung. Es sind die Werte, die wir unter dem Begriff der „Aufklärung" subsumieren.

W. wendet sich gegen die Verabsolutierung der Vernunftwerte

W. bäumt sich gegen diese Welt auf, nicht weil er Vernunft und Tugend ablehnte – er ist selbst ein aufgeklärter junger Mann – sondern weil die Verabsolutierung der Werte in seinen Augen die natürlichen und wertvolleren Kräfte vor allem in den höheren und gebildeten Ständen erstickt habe. W. ist „ausgestiegen", wie wir heute sagen würden, aus

1) von A. Fr. Böck, Stuttgart 1771, S. 17/18, zit. nach Klaus Scherpe, Werther und Wertherwirkung. Bad Homburg 1970. S. 22

dieser Welt und hat sich in Zustände begeben, die in seinen Augen naiv, dh. von der alles reglementierenden Vernunft unberührt, und also noch ursprünglich sind. Für diese Zustände steht zunächst der Brunnen und später der Ort Wahlheim.

Er findet Einfachheit und Natürlichkeit in der Bibel und im Homer und bei einfachen Menschen

Der Brunnen weckt in W. Erinnerungen an die Bibel – mit den „Altvätern" sind die biblischen Patriarchen gemeint – und an den griechischen Dichter Homer (8. Jhdt v. Chr. Geb.), vor allem die idyllischen Szenen der Odyssee. Im Homer glaubt er das volkstümlich Einfache, Schlichte, Unreflektierte zu finden, das er sucht. Hinweise auf die lichte Welt Homers durchziehen den ganzen ersten Teil des Romans. Sie begleiten Werthers glückliche Erfahrungen.

Diese sind so etwas wie ihr Spiegelbild. Im zweiten Teil des Buches wechselt Werthers Lektüre. Eine andere Leitgestalt – der vermeintliche Dichter Ossian, von dem noch zu reden sein wird – tritt in den Vordergrund. Seine Welt ist dunkel und voller Todesklage.

Werthers Vorstellung von Einfachheit und Ursprünglichkeit stammt aus Büchern

Es ist bezeichnend für W., daß sein Erlebnis von Einfachheit und Ursprünglichkeit genährt wird aus Büchern. Er selbst ist ja nicht „naiv", sondern „sentimentalisch", wie man damals sagte, dh. empfindsam – intellektuell. Er erlebt die Welt nicht als selbstverständliche Einheit, sondern er versucht diese ihm verlorengegangene Einheit für seine Person wiederzugewinnen, indem er das einfache Leben einfacher Leute führt. Wenn W. am Brunnen Bekanntschaften macht, so deshalb, weil die Menschen, die dorthin kommen, in seinen Augen unverbildet sind. Damit haben sie einen entscheidenden Vorzug vor den Leuten seines Standes.

W. setzt sich über die

Er setzt sich mit dieser Wahl bewußt über die Konventionen hinweg, die auf strenge Tren-

Stände – Konventionen hinweg, aber er will nicht die Gesellschaft ändern

nung der Stände gerichtet waren. Er kann es sich leisten, weil er beruflich nichts mit der Gesellschaft zu tun hat und auf eine Stellung in ihr nicht angewiesen ist. Er verfolgt mit dieser Abkehr aber kein irgendwie geartetes allgemeineres Ziel. Er will nicht die Gesellschaft verändern, sondern sucht eine Nische, in der er, von der Gesellschaft unbehelligt, seinen Bedürfnissen leben kann.

Der Brief vom 13. 5. steht in dem erwähnten Zusammenhang, gibt aber darüber hinaus einen wichtigen Aufschluß über Werthers Erlebnisweise.

W. erlebt die Welt in Gegensätzen:
Kummer – Ausschweifung
süße Melancholie – verzehrende Leidenschaft

Sie ist dadurch charakterisiert, daß er keine ausgeglichenen Gefühlszustände kennt, sondern von einem Extrem ins andere fällt. Er hat diesen Sachverhalt erkannt und macht ihn deutlich durch die Antithesen Kummer – Ausschweifung, süße Melancholie – verderbliche Leidenschaft. (Diese sind e i n Beispiel für zahlreiche andere Antithesen, die den ganzen Roman durchziehen.) W. bringt an dieser Stelle seine Erlebnisweise in Zusammenhang mit seinem „Herzchen", von dem er sagt, daß er es „wie ein krankes Kind" halte und ihm jeden Willen gestatte. Krankheit und Kindheit sind Zustände verminderter Zurechnungsfähigkeit und noch nicht voll entwickelten Verantwortungsbewußtseins. W. flüchtet also nicht nur äußerlich vor der Wirklichkeit. Er versetzt sich in Zustände, die es ihm zu erlauben scheinen, daß er die schwankenden Gefühlsregungen pflegt, anstatt sich ihrer zu erwehren. Er hält ja sein Herz für das eigentliche Zentrum seiner Person.

17. und 22. 5.

Die beiden Briefe vom 17. und 22. 5. hängen eng zusammen. Sie belegen zweierlei:

W. sucht Selbstverwirk-

1. W. sucht Selbstverwirklichung nicht im gesellschaftlichen Raum. Seine Kritik an den

lichung in der Korrespondenz mit dem Wesensverwandten

bürgerlichen Verhältnissen ist nicht als Streben nach politischer Aktivität zu verstehen, sondern er sucht Fülle und Erfüllung der Seele in der Korrespondenz mit dem Wesensverwandten, ist also auf Kommunikation angewiesen, um das Gefühl der Selbstgewißheit des eigenen Ichs zu gewinnen.

2. Werthers besondere, antithetische Erlebnisweise von Welt und Menschen ist keine intellektuelle Spielerei, sondern existentielle Notwendigkeit und kann zu radikalen Konsequenzen führen.

Ganzheit gegenüber Einschränkung

Selbstmord als Befreiung

Die Alternative heißt: Ganzheit des Lebens als Ganzheit des Gefühls gegenüber Einschränkung und Eingeschränktheit von Leben und Gefühl und als deren Folge Selbstmord.

Beide Positionen werden an Themen erörtert, die mit Werthers Leben in unmittelbarem Zusammenhang stehen:

W. nimmt Bezug auf die Begegnung mit einer älteren Frau in seiner Jugend, und er nimmt Stellung zur Arbeitswelt der bürgerlichen Gesellschaft und den mit ihr verbundenen Mechanismen. Konkretes Geschehen kommt nur kurz zur Sprache und dient der Einführung des fürstlichen Amtmannes in die Geschichte.

Die Art und Weise, in der W. seine Beziehung zu der Freundin seiner Jugend darstellt, verweist auf die Bewegung des Sturm und Drang.

17.5.

Werthers Erinnerungen an die ältere Freundin sind ausgelöst worden durch seine Begegnungen mit Leuten aus dem Volk. So wie er sich zu einfachen Menschen hingezogen fühlt, fühlen auch sie sich zu ihm hingezogen – allerdings mit dem Unterschied, daß Werthers Bedürfnisse durch solche Begegnungen nicht erfüllt sind. Ja, gerade durch sie wird ihm der Mangel umso mehr bewußt, unter dem er leidet: Viele seiner Kräfte bleiben in solchen Begegnungen ungenutzt.

Werthers Wesensverwandtschaft mit der Freundin seiner Jugend

Sie „vermodern". So sehnt er sich zurück zu seiner Freundschaft mit der älteren Frau, die längst gestorben ist. In ihr nämlich wurden nicht nur alle Kräfte seiner Seele genutzt, sondern sie trugen „den Stempel des Genies".

Die Periode des „Sturm und Drang"

W. bedient sich hier der Ausdrucksweise des „Sturm und Drang". Mit dieser Bewegung in den 70iger und 80iger Jahren des 18. Jhdts wurden die Schranken der Aufklärung im literarischen und künstlerischen Bereich überwunden. Sie war eine vorwiegend bürgerliche Erneuerungsbewegung, die von Jugendlichen getragen wurde und sich vor allem in der literarischen Produktion der Zeit niederschlug.

Forderung nach Ablösung der Vernunftherrschaft durch Herrschaft des Gefühls

Ihre Vertreter propagierten die Überwindung der Vernunftherrschaft auf allen Gebieten des Lebens durch entgegengesetzte Kräfte, nämlich Gefühlsüberschwang, Phantasie, Gemüt. Aus diesen sollte auch alle Dichtung entspringen. Der Zusammenhang mit der Empfindsamkeit ist deutlich. Ihre Tendenzen wurden radikalisiert.

„Sturm und Drang" als literarische Periode

Geniebegriff

Der „Sturm und Drang" als literarische Periode wird auch die „Geniezeit" genannt, weil das Wort Genie, das Werther hier gebraucht, ein beliebtes Wort der Stürmer und Dränger war. Das Wort wurde aber noch nicht in unserm heutigen Sinne gebraucht, nämlich als Ausdruck für eine überragend begabte Person, sondern etwas eingeschränkter. Es besagte soviel wie natürliche Begabung für Literatur und Kunst, Originalität der Auffassung und des Ausdrucks.

„Originalgenie"

Beliebt war der Ausdruck „Originalgenie".

Ablehnung von

Damit war gemeint, daß ein Künstler sich frei-

„Regeln"

machte von aller Einschränkung durch Regeln, daß er die Kräfte seiner Imagination frei entfaltete. Die Geltung von Regeln war jahrhundertelang unangefochten gewesen. Regeln galten z. B. – im Bereich der Literatur – für die Abgrenzung der Gattungen voneinander, für den Aufbau eines Dramas, für die Verwendung bestimmter Stilmittel und nicht zuletzt für die Inhalte/Stoffe von literarischen Erzeugnissen. Sie hatten der Moral zu dienen, sie mußten Nutzanwendungen erlauben. Der Künstler war nicht frei in der Wahl seiner Stoffe und ihrer Behandlung.

In diesem Zusammenhang muß auch Werthers Äußerung über den jungen V. gesehen werden. Der Kopf des jungen Mannes sei voll von theoretischen Erörterungen über Kunst. W. geht nicht darauf ein. Buchwissen interessiert ihn nicht. Er hat es am 13. 5. abgelehnt, sich seine Bücher schicken zu lassen.

Der Umgang mit einfachen Leuten kann W. also nur zeitweise befriedigen. Er braucht darüber hinaus Echo und Anregung für seine Seele und seinen Geist. Beides wird er bei Lotte finden. Auf die Begegnung mit ihr wird in diesem Brief zum ersten Mal verwiesen.

Erster Hinweis auf Lotte

W. berichtet nämlich von seiner Bekanntschaft mit Lottes Vater und erwähnt dessen älteste Tochter, von der man „viel Wesens" mache.

22. 5.
W. leidet unter der „Einschränkung", der die menschliche Existenz unterworfen ist.

Dieser Brief, dessen zentrale Begriffe „Einschränkung" und „Freiheit" sind, gibt weiteren Aufschluß darüber, welche Aspekte der menschlichen Existenz Werthers Lebensgefühl und Denken bestimmen und zu welchen Konsequenzen sie ihn führen.

Zu „Einschränkung" und „Freiheit": W. betrachtet die menschliche Existenz als ein Gefängnis, als einen „Kerker", da ein Sinn, der über die „Befriedigung von Bedürfnissen" hinausgehe, nicht zu erkennen sei. Am 17.5. hat W. auch davon gesprochen, daß der Mensch durch die Arbeit seinem eigenen Leben gegenüber entfremdet sei. Er habe Angst vor dem bißchen Freiheit, das ihm bleibe. Auch die „tätigen und forschenden Kräfte des Menschen" unterliegen dieser Einschränkung.

Gemeint sind die Kräfte der Seele und des Geistes, die nach Ausdruck in Erkenntnis und schöpferischer Darstellung verlangen. Menschen, die solche Kräfte in sich spüren, finden zwar in sich „eine Welt". Aber sie bleiben wie die anderen im Kerker eingesperrt. Was kann der Mensch nun tun, damit er es in seinem Kerker aushält, und das heißt für W. so viel wie glücklich zu sein?

Er nennt zwei Möglichkeiten:

Glück als Täuschung

1. Glück als Täuschung (Kinder, Puppen, das zurechtgestutzte Gärtchen der Bürger) und

Glück als Wendung ins eigene Innere

2. Glück als Wendung ins eigene Innere, Glück, weil einer ein Mensch ist und „seine Welt aus sich selbst" bildet. W. möchte diese Erfahrung gerne in eine produktive künstlerische oder geistige Tätigkeit umsetzen. Aber er hat zwar die „Ahnung" und dunkle „Begier", nicht jedoch die lebendige „Kraft", diese Welt aus sich herauszustellen.

Dem Kerker, der Einschränkung entfliehen durch Selbstmord = Freiheit

Wem die beiden Wege nicht offenstehen, dem bleibt ein letzter Ausweg, um der Einschränkung zu entkommen, und dieser Ausweg steht dem Menschen immer offen. Er gibt ihm das „Gefühl der Freiheit". Es ist der Selbstmord. W. sieht die menschliche Existenz nicht im Zusammenhang mit den konventionellen religiösen Vorstellungen seiner Zeit. Ein persönlicher Gott als letzte Instanz spielt in seinen Überlegungen keine Rolle. Und der

Selbstmord ist losgelöst von jedem Zusammenhang mit Schuld. Tugend und Moral kommen in seinem Wortschatz nicht vor. Das war damals revolutionär.

W. ist also kein blinder Schwärmer, kein Phantast. Nicht das Irrationale zieht ihn an. Im Gegenteil.

W. besitzt sowohl Reflexionsvermögen als auch starke Gemütskräfte

Sein kritischer Verstand und sein Reflexionsvermögen sind hoch entwickelt. Er ist in der Lage, auch seine eigene Person aus kritischem Abstand zu sehen. Er ist aufgeklärt, aber er ist kein Aufklärer. Er verfügt darüber hinaus über ungewöhnlich starke Gemütskräfte und ein hohes Maß von Einbildungskraft.

Die letzten 3 Briefe vor der Begegnung mit Lotte: 26.5., 27.5., 30.5.

In den letzten drei Briefen vor Werthers Bekanntschaft mit Lotte wird

1. Der Ort Wahlheim vorgestellt, werden
2. zwei Nebenhandlungen/Episoden eingeführt und bringt W.
3. die Kunstregeln mit den Lebensregeln der bürgerlichen Gesellschaft in Zusammenhang.

26.5.

zu 1) W. spricht noch einmal von seinen Grundanschauungen an dem Ort, der in der folgenden Zeit für die Romanhandlung von Bedeutung ist. Er hat Wahlheim durch Zufall gefunden.

Wahlheim entspricht Werthers Vorstellungen von Natur, einfachem Leben und einfachen Menschen

Der Ort ist etwa eine Stunde von der Stadt entfernt, in der W. seinen neuen Wohnsitz hat. Von hier ist es nur eine halbe Stunde zu dem fürstlichen Jagdhaus, wo der Amtmann mit seinen Kindern wohnt, von denen Lotte das älteste ist. Von Wahlheim aus bricht W. später oft zu einem raschen Besuch bei Lotte auf. Der Ort gefällt ihm, weil er dort alles findet, was seinen Vorstellungen von Natur, einfachem Leben und einfachen Menschen entspricht. In Wahlheim versucht W. in den kommenden Wochen, selber etwas von dem einfachen Leben zu verwirklichen, das ihm vorschwebt.

W. liest im Homer und zeichnet nach der Natur

Es besteht unter anderm darin, daß er im Homer liest und nach der Natur zeichnet, daß er aber auch mit den Menschen, die hier leben, in einen engeren Kontakt tritt.

zu 2) Im Roman gibt es mehrere Nebenhandlungen oder Episoden, die eine wichtige Funktion für den Aufbau und Gehalt des Buches haben. Im Erlebnis und Schicksal anderer Personen spiegeln sich Werthers eigene Erlebnisse und Bewußtseinszustände. Sie erhalten dadurch eine weitere Dimension.

Nebenhandlungen im Aufbau: W. nimmt am Schicksal der Mutter und ihrer Knaben teil 27. 5.

Am 26. 5. berichtet W., daß er in Wahlheim die beiden Knaben kennengelernt hat, die unter den Linden saßen – W. liebt Bäume – und auf ihre Mutter, die Tochter des Schulmeisters, warteten. Am 27. 5., als er wieder in Wahlheim ist, lernt er die Mutter kennen. Sie erzählt ihm von ihren Sorgen um Mann und Erbschaft. Noch ist aber Hoffnung vorhanden. Im 2. Teil des Buches nimmt Goethe die Handlung wieder auf. Aber wie W. dort ohne Hoffnung ist, so hat auch die Frau alle Hoffnung verloren. Denn ihr Mann ist krank und ohne Erbschaft zurückgekommen. Die Frau und ihre Kinder verkörpern für W. alle die Menschen, die einfach sind, die „in glücklicher Gelassenheit den engen Kreis" ihres Daseins hingehen und nicht darüber hinaus fragen. In der Art und Weise, wie sie leben, wie sie traurig und fröhlich sind, findet W. die Natur, die er sucht. Es ist der eine der beiden Wege, um auf dieser Erde glücklich zu sein.

W. erfährt von dem Bauernburschen, daß er die Witwe liebt

Die 2. Nebenhandlung ist die Geschichte vom Bauernburschen, der seine Dienstherrin liebt. Auch sie ist auf beide Teile des Romans verteilt, auch sie ist verwoben mit Werthers eigener Entwicklung.

30. 5.

Sie entfaltet sich zuerst hoffnungsvoll an dem Platze, an dem W. die Natur so glücklich erlebt, sie vollendet sich später dort auf tragische Weise in kalter, toter Jahreszeit. Der Bauernbursche ist zu starken, ungebrochenen Empfindungen fähig. W. glüht in der Teilnahme daran „die innerste Seele", als sei er „selbst davon entzündet".

Werthers Reaktion auf den Bauernburschen: ein Vorgeschmack auf seine eigene Leidenschaftlichkeit

In der Figur des Bauernburschen findet W. Eigenschaften wie in einem Brennpunkt gebündelt, die unvermischt und daher Ausdruck der wahren Natur des Menschen sind. Die Intensität, mit der W. auf sie reagiert, die Leidenschaftlichkeit, mit der er sie nachempfindet und schildert, geben dem Leser Aufschluß darüber, daß auch W. solche Regungen kennt, und damit einen Vorgeschmack davon, wie er selbst reagieren wird, wenn ihm eine vergleichbare Situation zustoßen sollte.

Die Episode stimmt in die Begegnung mit Lotte ein

Seine Gespanntheit ist nicht zu steigern. Goethe setzt diese Episode in den Brief vom 30. 5., unmittelbar vor den Brief vom 16. 6., in dem W. die erste Begegnung mit Lotte schildert.

26. 5.

zu 3) Die Auseinandersetzung mit der Kunsttheorie der Zeit erfolgt im Brief vom 26. 5. W. zeichnet in Wahlheim die beiden Knaben der Schulmeisterstochter. Er will sich „allein an die Natur" halten. Diese stellt er den „Regeln" gegenüber, und er macht seine Meinung anschaulich, indem er einerseits bürgerliche Gesellschaft und Regeln anderseits Liebe und Natur einander zuordnet.

Natur gegen Regeln in der Kunst

In diesem Zusammenhang gebraucht er das Bild vom „Strom des Genies", der „in hohen Fluten hereinbraust" und die „Gartenhäuschen, Tulpenbeete und Krautfelder" der „gelassenen Herren" zerstören würde, wenn sie nicht „mit Dämmen und Ableiten der künftig drohenden Gefahr" zu begegnen wüßten.

Diese Textstelle macht im Bilde deutlich, wie die Stürmer und Dränger in den 70iger Jahren des 18. Jhdts empfanden.

„Strom des Genies" gegen bürgerliches Nützlichkeitsdenken

Sie verachteten die bürgerliche Lebensführung mit ihrer rationalen Planung, ihrem Nützlichkeitsdenken und ihrer engen Vorsicht – Goethe billigt ihr hier lediglich eine zähmende Wirkung auf die menschliche Psyche zu – und kontrastierten sie mit einem Lebensgefühl, das für die elementaren Kräfte der menschlichen Natur in allen Bereichen des Lebens Raum zur Entfaltung forderte. Die uneingeschränkte Ganzheit der menschlichen Natur zu erreichen, ist das Ziel. Bezogen auf den Künstler heißt das, er solle alle Beschränkungen rationalistischer Kunsttheorie abtun und sich durch die Natur leiten lassen. W. ist in Wahlheim stolz darauf, daß er die beiden Knaben gezeichnet hat, ohne „das mindeste" von dem Seinen hinzuzutun.

16 Briefe vom 16. 6. – 26. 7., 1 Zettel

Von Mitte Juni bis Ende Juli schreibt W. 16 Briefe und eine Tagebuchnotiz.

Lotte und Werther

In ihnen wird Lotte vorgestellt und das Verhältnis Lotte – Werther entwickelt. Erst Ende Juli wird Albert eingeführt.

Mit Lotte und ihrem Lebenskreis findet W. alle Elemente, die für ihn eine Möglichkeit von Glück bedeuten, auf einer höheren Stufe noch einmal:

W. findet Ganzheit – aber dieser Zustand kann nur vorübergehend sein

Er findet in L. nämlich die Ganzheit von Natur und Geist, und alle seine Kräfte sind nun gefordert. Die Tatsache, daß dieser Zustand des Glückes nur vorübergehend sein kann, hat zunächst kaum Auswirkungen, da W. einmal so überwältigt ist vom Glück und Rausch des Augenblicks, daß er nichts anderes empfinden kann, und da Albert, der glückliche Nebenbuhler, nicht anwesend ist.

Erst als W. zunehmend der Leidenschaft zu

Lotte verfällt, ändert sich der Ton der Briefe. Das beginnt etwa mit dem 16. 7. Bis dahin hat der Leser Lottes Welt kennengelernt. Es fällt auf, daß Goethe W. zunächst weniger über sie schreiben, als daß er ihn Situationen schildern läßt, in denen die handelnden Personen sprechen und agieren. So hat der Leser den Eindruck, er erfahre unmittelbar, was sich abgespielt hat.

Idyllischer Charakter der ausgewählten Szenen

Alle Situationen, die G. auswählt, haben genrehaften, – der Begriff ist der Malerei entnommen – idyllischen Charakter. Damit ist gemeint, daß es sich um typische Szenen aus dem bürgerlichen Alltagsleben handelt, die dieses als friedvoll – beschaulich, als heiter und ungetrübt, als bescheiden und rechtschaffen zeigen. Solche Idyllen und genrehaften Darstellungen waren im 18. Jhdt bekannt und beliebt. Aber sie sind von Goethe, im Gegensatz zu anderen Autoren der Zeit, bei denen sie lehrhaft und moralisierend verwendet wurden, ganz ohne solche Absicht eingesetzt. Sie dienen dem Werk, indem sie die Welt Lottes malen und ihre Person charakterisieren.

Lotte fällt unter vergleichbaren Personen ihres Alters auf. Sie hat mehr zu bieten als diese.

16. 6.

Ihre äußere Erscheinung harmoniert aufs vollkommenste mit ihren übrigen Vorzügen. G. stellt sie im Brief vom 16. 6. in verschiedenen charakteristischen Situationen vor, so daß verständlich wird, daß W. sich sofort in sie verliebt.

Die Schilderung des Balles umfaßt folgende Szenen:

1. Lotte im Jagdhaus. Sie schneidet ihren Geschwistern das Abendbrot, als W. hereintritt, um sie abzuholen.

Lottes blaßrote

Sie trägt ein weißes Kleid mit blaßroten

Schleifen L. schneidet das Brot	Schleifen. (G. nimmt dieses Motiv mehrfach wieder auf.) W. lernt Lotte also in der Ausübung ihrer stellvertretenden Mutterrolle kennen.
Die Fahrt zum Ball	2. Lotte, Werther und die beiden anderen Mädchen in der Kutsche auf dem Weg zum Ort der Lustbarkeit. Lotte erzählt von ihrer Lektüre und von ihrer „Leidenschaft" für den Tanz.
Lotte als Tänzerin	3. Lotte und Werther während des Balles, Lotte als vorzügliche Tänzerin. W. erfährt von ihr, daß sie so gut wie verlobt ist.
Lotte während des Gewitters	4. Lotte während des Gewitters. Sie organisiert das Pfänderspiel, so daß die ängstlichen jungen Leute Donner und Blitz vergessen.
Lotte und Werther am Fenster	5. Lotte und Werther am Fenster, nachdem das Gewitter sich verzogen hat. Lotte nennt den Namen „Klopstock" und zeigt damit, daß sie dessen Ode „Die Frühlingsfeier" kennt.
Lotte in der Mutterrolle	zu 1) Lotte erfüllt ihre häuslichen Pflichten als stellvertretende Mutter heiter und mit leichter Hand.
Lotte liebt ihre Arbeit	Sie ist ihrer Arbeit nicht entfremdet, sondern empfindet sie als „eine Quelle unsäglicher Glückseligkeit". Sie wird von den kleineren Geschwistern geliebt und ist der Mittelpunkt der Familie.
L. ist selbstsicher	Im Umgang mit dem Fremden, W., zeigt sie natürliche Gewandtheit und Selbstsicherheit.
L. hat Freude an Büchern und den Lustbarkeiten der Jugend	zu 2) Das Gespräch in der Kutsche macht deutlich, daß sie nicht in der Rolle des Hausmütterchens aufgeht, sondern darüber hinaus geistige Interessen, aber ebenso Vergnügen an den Lustbarkeiten der Jugend hat. Sie hat eine Leidenschaft fürs Tanzen, kennt aber auch das damals berühmte Buch des Engländers Oliver Goldsmith „Der Pfarrer von Wakefield".

zu 3) Lotte harmoniert im Tanz vom ersten Schritt an mit W. Die Übereinstimmung der beiden ist so auffallend, daß eine ältere Frau sich bemüßigt fühlt, Lotte an Albert zu erinnern. W. erfährt von ihr, was ihm schon die Mädchen in der Kutsche gesagt hatten, daß sie nämlich verlobt ist. Lotte läßt sich durch die Mahnung nicht einschüchtern. Sie gibt sich weiter sorglos und unbefangen dem Augenblick hin.

L. gibt sich sorglos dem Tanz hin
Sie ist musikalisch

zu 4) Lotte läßt sich nicht aus der Fassung bringen, selbst wenn sie sich fürchtet.
Sie bleibt auch im Gewitter Herr ihrer Person und der Situation. Wenn andere den Kopf verlieren, ergreift sie die Initiative zum Handeln. Ihre Überlegenheit ist so selbstverständlich, daß jeder sich ihr fügt.

L. ergreift in e. kritischen Situation die Initiative

zu 5) Aber sie ist deshalb nicht herrisch oder empfindungsschwach, im Gegenteil. Sie reagiert auch sofort auf eine neue Situation in der angemessenen Weise. Hier trifft sie sich mit Werther im Gedenken an Klopstocks berühmte Ode, die von einem Gewitter und den Seelenregungen handelt, die es im Betrachter auslöst.

Klopstock (1724 – 1803)
Lotte kennt Klopstocks „Frühlingsfeier".

Ihre Tränen machen deutlich, daß sie einer gesteigerten Empfindsamkeit fähig ist und ein reiches Gefühlsleben besitzt. Sie gehört wie W. zum Kreis derer, die die empfindsame Seelenkultur der Zeit pflegen. Alle Elemente dieser Kultur sind hier vorhanden, „die Gemeinsamkeit der Empfindung, die sprachlose Zusammengehörigkeit, die affektive Verschmelzung, das Erraten der Gedanken anderer."[1)]

Sie gehört zum Kreis der empfindsamen Seelen

---

1) Meyer-Kalkus, R., Werthers Krankheit zum Tode. Pathologie und Familie in der Empfindsamkeit. In: Urszenen, Hrsg. Fr. A. Kittler u. H. Turk. Suhrkamp Verlag. Ffm 1977 S. 99

19.6.
21.6.

Beide Briefe zeigen W. in einem Zustande des Glücks. Denn er kann nach wie vor in Wahlheim sein und dort das urtümlich-einfache Leben führen, das einen Teil seines Glückes ausmacht. Es besteht u.a. darin, daß er im Homer liest und zwischendurch selbst sein Essen kocht. Er kann von dort aus aber auch jeden Augenblick zu Lotte aufbrechen, da Wahlheim nur eine halbe Stunde vom Jagdhaus entfernt ist.

W. ist in Wahlheim ganz „etabliert"

Erst jetzt ist er dort ganz „etabliert". Er ist bei sich selbst: „[. . .] dort fühl' ich mich selbst und alles Glück, das dem Menschen gegeben ist", sagt er.

Werthers Selbstgefühl abhängig von den Bedingungen der Außenwelt

Die übrige Welt „verliert sich" um ihn her. Sein Selbstgefühl ist also abhängig davon, daß die Bedingungen der Außenwelt seinen inneren Wünschen entsprechen. In diesem Zustand verursacht ihm die „Einschränkung" des Menschen, seine alte Wunde, keine Qualen mehr. Er spricht von dem inneren Trieb, sich ihr „willig zu ergeben, in dem Gleise der Gewohnheit so hinzufahren und sich weder um Rechts noch um Links zu bekümmern."

Da er in den folgenden Wochen fast jeden Tag bei Lotte ist, da Lotte als Person seine innere Welt in der Außenwelt bestätigt, lernt sie ihn zunächst in einem relativ ausgeglichenen Zustand kennen. Er seinerseits, da der Bräutigam abwesend ist, hat Gelegenheit, an vielen Situationen ihres Lebens teilzunehmen.

W. nimmt teil an Lottes Leben

Sie sind so ausgewählt, daß die ersten Eindrücke, die W. von Lotte auf dem Ball empfing, durch viele Details vertieft und bereichert werden.

Die neue Situation enthält von Anfang an einen unlösbaren Konflikt

Die Situation, in die W. sich hineinbegeben hat, trägt aber von Anfang an alle Züge des unlösbaren Konfliktes.

Wunsch nach Familie – Ablehnung der bürgerlichen Familie

W. will Familie – lehnt aber die Eingeschränktheit der bürgerlichen Lebensverhältnisse im Grunde ab. Die Beurteilung der Person Alberts wird dies später deutlich machen. W. möchte Kind sein und zugleich Freund, aber auch Geliebter.

Wunsch, Kind, Freund und Geliebter zu sein, ist Ausdruck von Werthers Infantilismus und Narzißmus

Nur eine Rolle, die des Freundes, wäre möglich. Da W. auch Geliebter sein will, kommt er in unauflösbare Verstrickungen. Die bürgerlichen Moralgesetze, deren Gebote und Verbote W. internalisiert hat, hindern ihn einerseits an der Verwirklichung dieses Wunsches. Andererseits ist er aber auch nicht Manns genug zu handeln, nämlich alle Kraft daranzusetzen, um Albert auszustechen, wie Wilhelm es ihm im Brief vom 8.8. rät. Er bleibt infantil, was die Durchsetzung seiner Wünsche anlangt und ebenso die Tatsache, daß er sich von eben diesen Wünschen nicht befreien kann. Seine Leidenschaft wird zwanghaft. Darin besteht seine Krankheit. Er ist aber auch infantil darin, daß er nie überlegt, ausgenommen kurz vor seinem Ende (Ausgabe dtv S. 121), welche Belastungen seine Anwesenheit für die Familie Lottes mit sich bringen könnte. Er handelt wie ein unverantwortliches Kind. Diese Haltung steht in engem Zusammenhang mit seinem Narzißmus. W. ist ganz auf die eigene Person bezogen und für ihr Selbstgefühl abhängig von anderen. Wenn er Zustimmung erfährt, vergöttert er die eigene Person wie im Brief vom 13. 7., wenn er nicht erhält, was er trotzig begehrt, „fehlt" er sich selbst, wie im Brief vom 22. 8., und hat keine „Vorstellungskraft" mehr.

Der Prozeß des Erwachsenwerdens ist nicht gelungen

Man gewinnt aus den Andeutungen über Werthers Kindheit – der Vater fehlte in den entscheidenden Jahren, die Mutter ist ungeliebt – den Eindruck, daß der Prozeß des Erwachsenwerdens nicht gelungen ist.

Die Briefe zwischen dem 29. 6. und 24. 7., 3 Tagebuchaufzeichnungen

Die Äußerungen Werthers zwischen dem 29. 6. und 26. 7., bestehen aus Briefen, die als solche durch die Anrede und den direkten Bezug auf den Freund erkennbar sind, und aus kürzeren und sehr kurzen Niederschriften, die monologisch wirken und Tagebuchnotizen sein können.

29. 6.
1. 7.
6. 7.

Die Briefe vom 29. 6., 1. 7., 6. 7. schildern W. unter Lottes Geschwistern mit dem Medikus, den gemeinsamen Besuch beim Pfarrer von St. und die Waschzeremonie am Brunnen, nachdem W. Lottes Schwester Malchen geküßt hat. Danach tritt die äußere Welt mehr und mehr zurück. W. gerät zunehmend in Lottes Bann, aus seiner Liebe wird Leidenschaft. Er nimmt die Welt schließlich nur noch in bezug auf Lotte wahr.

Streuung der Tagebuchnotizen hält die Spannung wach

Zu diesem Teil gehören die Tagebuchnotizen. Sie sind zwischen kurze Briefe mit konkretem Inhalt eingestreut. Diese Anordnung bewirkt, daß der Leser die Steigerung der Spannung in W. nachvollziehen kann. Ihr Höhepunkt ist am 26. 7. mit dem Bilde vom Magnetenberg erreicht. Am 30. 7. ist von ihr nicht mehr die Rede. Denn Albert ist angekommen, und damit hat sich die Situation für W. von Grund auf verändert.

An den Aufzeichnungen aus diesen Wochen fällt noch etwas anderes besonders auf. Man

Der Prozeß des Schreibens der Briefe

könnte es den Prozeß des Schreibens der Briefe nennen. In diesen Prozeß wird der Leser nämlich hineingezogen. W. erzählt nicht mehr „historisch", er reflektiert auch kaum wie in früheren Briefen und Notizen, sondern er schreibt wie unter Zwang, was sein Gefühl ihm diktiert. Die Distanz zwischen Erlebnis und Niederschrift scheint aufgehoben. Der Leser glaubt, am Erlebnis beteiligt zu sein, den inneren Prozeß des Schreibers selbst zu erleben.

29. 6. W. liegt auf der Erde, Lottes Geschwister krabbeln auf ihm herum, und der Medikus aus der Stadt steht mißbilligend dabei. Diese Situation zeigt, wie rasch W. in Lottes Familie aufgenommen worden ist., welches Vertrauen man ihm entgegenbringt, aber auch, daß er bestimmte infantile Bedürfnisse nicht zu Ende gelebt hat.

Werthers infantile Bedürfnisse

Er hat sich hier in die Rolle der Kinder begeben, an denen Lotte die Mutterstelle vertritt. Das Bedürfnis nach einer wahren Mutter – die eigene hat er offenbar nicht als solche empfunden – zieht sich durch den ganzen Roman (Brief 10.9. und Abschiedsbrief). Lotte erfüllt auch diese Funktion für ihn.

Lotte ist auch Mutter für ihn

Die Situation zeigt weiter, daß er den rechten Ton bei Kindern zu treffen weiß, die, weil ursprünglich und unverbildet, seinem „Herzen [. . .] am nächsten auf der Erde" sind. In den Reflexionen, die W. der Schilderung der Situation folgen läßt, erkennt der Leser die Wirkung Rousseaus. W. betrachtet Kindheit als Zustand der Erfüllung, der heilen Welt, also als nicht hinterfragbar, und kontrastiert ihn mit der Gesellschaft, ihren Vorurteilen und ihrem gekünstelten und angepaßten Gehabe.

Kindheit ist für W. ein Zustand der Erfüllung

Der Medikus, von W. als „dogmatische Drahtpuppe" bezeichnet, steht als die Verkörperung dieser Vorurteile dabei.

Der Medikus als Vertreter der Vorurteile der Gesellschaft

1. 7. Der Brief weist zu Anfang auf Lottes Aufenthalt bei einer ihr befreundeten todkranken Frau hin und berichtet vom gemeinsamen Besuch Werthers und Lottes beim alten Pfarrer von St., auf dessen Hof die schönen Nußbäume stehen.

Lottes Mütterlichkeit: Sie hilft auch Alten und Kranken

Der Brief zeigt Lotte in einer für den Leser neuen, aber nicht überraschend neuen Rolle. Ihre mütterlichen Kräfte entfaltet sie nicht nur im häuslichen Wirkungskreis, sondern auch gegenüber Alten und Kranken, die nicht unmittelbar zur Familie gehören. Sie nimmt also Anteil am Geschick anderer Menschen und versucht Leid zu lindern, indem sie praktische Hilfe leistet. Die besteht beim Pfarrer in Zuspruch und Ermunterung. Ihre Bemühungen haben Erfolg. Der Pfarrer fühlt sich belebt durch Lottes Frohsinn und ihre Zuversicht.

Werthers Rede „gegen die üble Laune"

Ein weiteres Thema dieses Briefes ist Werthers große Rede "gegen die üble Laune", die er für ein Laster hält, weil sie Glück unter Menschen zerstöre. Er glaubt, daß sie überwunden werden könne, wenn es dem übellaunigen Menschen gelänge, sich „zu ermannen". Aber W. predigt etwas, was er selbst nicht leisten kann. Während er sich noch über den Freund der Pfarrerstochter, dessen Verstimmtheit ihm den Anlaß zu seinen Äußerungen gab, ereifert, begeht er den gleichen Fehler.

W. begeht den Fehler, den er anklagt: Er tyrannisiert Freunde

Er tyrannisiert seine Ungebung mit der affektgeladenen Erinnerung an eine Situation, in der er einer Sterbenden, die Anspruch darauf gehabt hätte, keine „Stärkung" mehr einflößen konnte. Obwohl er es für das höchste Zeugnis von Freundschaft hält, den Freunden „ihre Freuden zu lassen und ihr Glück zu vermehren", indem man es mit ihnen genießt, stört er selbst die Runde, in die Lotte ihn eingeführt hat, weil er nur an sich denkt. Sie bricht den Besuch ab und schilt ihn wegen seiner starken Affekte.

Auch Werthers weiterer Weg, auf dem er immer tiefer in die Abhängigkeit von Lotte gerät, zeigt, daß die Pfarrerin in bezug auf W. recht hat, wenn sie sagt: „Wir haben aber unser Gemüt nicht in unserer Gewalt." W. fehlt das Mittel gegen diese „Krankheit", nämlich eben „die Kraft", sich „zu ermannen".

Lotte dagegen ist sie im allgemeinen gegeben. Sie entledigt sich der alltäglichen Verdrießlichkeiten, indem sie „ein paar Contretänze den Garten auf und ab" macht.

6. 7. — Der Brief berichtet von der „Taufhandlung" am Brunnen, in der Malchen, Lottes Schwester, sich das Gesicht gewaschen hat, weil sie fürchtet, durch Werthers Kuß einen Bart zu bekommen. Lotte hat ihr dies Ammenmärchen erzählt. Er berichtet weiter von dem Manne, der „Verstand hat" und Lotte deswegen verurteilt.

W. hält Aberglauben für Glück — Dieser Mann meint, man müsse Kinder vor Aberglauben bewahren. W. steht auf Lottes Seite und bekräftigt damit die Meinung, die er am 22. 5. geäußert hat. Er sagt: „Wir sollen es mit den Kindern machen wie Gott mit uns, der uns am glücklichsten macht, wenn er uns in freundlichem Wahne so hintaumeln läßt."

11. 7. — Lotte hat W. erzählt, wie die todkranke Freundin ihrem Manne, der „ein geiziger, rangiger Filz" ist, gesteht, daß sie ihn 30 Jahre lang mit dem Haushaltsgeld betrogen hat.

W. erregt sich über die Verblendung des von seiner Frau getäuschten Kaufmanns — W. ereifert sich „über die unglaubliche Verblendung des Menschensinnes", daß „einer" sich so täuschen läßt. Daß der Mann, dem diese Täuschung widerfährt, Kaufmann ist – übrigens der einzige im ganzen Roman – gibt der Sache die groteske Note. W., der nichts mit Geschäften im Sinne hat, ist nie geizig. Aber er würde sich auch nicht täuschen lassen, da er die praktischen Dinge des Lebens affektlos und realistisch sieht und entsprechend handelt.

8. 7., 10. 7., 13. 7., 16. und 18. 7. — Die Briefe vom 8. 7., 10. 7., 13. 7., 16. und 18. 7. machen anschaulich, wie W. sich immer ausweglose in seine Leidenschaft verstrickt, weil er seinem starken erotisch-sexuellen Begehren ausgeliefert ist, dieses aber nicht ausleben kann bzw. will, – er kann sich ja nicht

W. kann sein sexuelles Begehren weder

ausleben noch sublimieren

ermannen (8. 8.) – es aber auch nicht zu sublimieren vermag.

Der infantile Zug, der diesem Verhalten zugrundeliegt, wird besonders deutlich im Brief vom 8. 7., wo W. sich in seiner Abhängigkeit von Lotte wiederholt als „Kind" bezeichnet. Im Brief vom 16. 7. spricht W. am deutlichsten aus, welche Qualen ihm die Nicht-Erfüllung seines sexuellen Begehrens bereitet.

Lotte gewährt W. kleine Vertraulichkeiten

Lotte gewährt ihm kleine „Vertraulichkeiten" (16. 7.), die ihn peinigen. Sie verursachen ihm Schwindelgefühle und Angst.

W. gerät in psychotische Ängste

Sein Begehren, hervorgerufen durch die körperliche Nähe der geliebten Person, kann nur zurückgehalten werden durch Rückgriff auf die in der Kindheit eingeübten religiösen Vorstellungen von Heiligkeit bzw. Verderbtheit. W. leidet zwar unter dem von der Zivilisation geforderten Zwang zur Unterdrückung spontaner Affekt- und Triebimpulse, aber er bezweifelt nicht seine Berechtigung.

W. stilisiert L. zur Heiligen

Lottes „Melodie" ist für W. eine vorübergehende Hilfe

W. stilisiert Lotte zur Heiligen, um sie für sein Begehren sozusagen tabu zu machen. Dazu trägt auch Lottes „Melodie" bei, die sie „mit der Kraft eines Engels" auf dem Klavier spielt. W. ist dadurch für den Moment von der „Irrung und Finsternis" seiner Seele befreit, aber die Situation bleibt ungelöst. Sie ist dadurch charakterisiert, daß nun sowohl die Ferne von der Geliebten als auch ihre Nähe ihm Pein verursachen.

Lottes Ferne, aber auch Lottes Nähe bereiten W. Qualen

In ihrer Abwesenheit zieht Lotte W. unwiderstehlich an (Märchen vom Magnetenberg, 26. 7.), in ihrer Gegenwart überfallen ihn psychotische Ängste. Empfinden und Handeln stimmen nicht überein.

20. 7.
24. 7.

Die beiden Briefe stehen hintereinander und zwischen den Tagebuchaufzeichnungen vom 19. 7. und 26. 7. Sie heben sich von den anderen ab und haben an dieser Stelle so etwas wie eine Weichenfunktion.

Weichenfunktion der beiden Briefe im Aufbau des Romans

20. 7. Thema des Briefes ist Werthers Verbindung zur Welt. Sie ist bisher unterbrochen, nicht endgültig abgeschnitten. Werthers Mutter hat gesellschaftlichen Ehrgeiz für ihren Sohn. Sie verfügt auch über gesellschaftliche Verbindungen und plant offensichtlich seine Karriere.

Werthers Mutter plant seine Karriere

Indem sie und der Freund ihn zur Tätigkeit aktivieren wollen und ihm den Vorschlag machen, bei dem Gesandten zu arbeiten, wird der Leser einerseits an Werthers andere Begabungen erinnert und die Möglichkeit seiner Rettung aus der Verstrickung in die Leidenschaft ins Spiel gebracht.

Er lehnt ihren Vorschlag nicht ab

Andererseits wird der Leser auf den Fortgang der Handlung verwiesen, denn W. lehnt den Vorschlag nicht ab, obwohl er skeptisch ist. Seine Antwort ist lediglich retardierend. Hoffnung auf eine grundsätzliche Wende für W. entsteht aber nicht, da seine Haltung gegenüber jeder Tätigkeit in der feudal-bürgerlichen Welt sich ja nicht geändert hat.

Aber seine Einstellung zur Tätigkeit in der bürgerlichen Gesellschaft hat sich nicht geändert

Er hält Menschen, die sich „um Geld oder Ehre oder sonst was" abarbeiten, nach wie vor für Toren. Beruf und Karriere sind aus den dargelegten Gründen kein Thema für W. (S. 18/19) Hoffnung auf eine Wende entsteht aber auch deshalb nicht, weil Goethe unmittelbar im Anschluß an diesen Brief W. am 24. 7. aussprechen läßt, daß er an der Tätigkeit, die er allen anderen vorzieht, da sie seiner Natur am meisten entspricht, gescheitert ist.

24. 7.

Der Brief befaßt sich nur mit dem Thema „schöpferische Gestaltung", also Kunst.

Es gelingt W. nicht, schöpferisch tätig zu sein.

Er läßt keinen Zweifel daran, daß W. erstens Versuche unternommen hat, auf die ihm gemäße Weise tätig zu sein, nämlich Empfindung und Erlebnis in einer künstlerischen

Form zu objektivieren, daß sie ihm aber nicht gelungen sind und daß er zweitens auch in diesem Punkt seine Situation klar erkennt. Er ist ein Genie des Empfindens, aber seine gestaltende Kraft auf dem für ihn wichtigsten Tätigkeitsfeld, auf dem er Freiheit erfahren könnte – er würde sich ja nicht an die „Regeln" halten – ist zu schwach. Er spricht davon, daß seine „vorstellende Kraft" nicht ausreicht, so daß er „keinen Umriß packen kann". Dieser Ausweg ist ihm also versperrt. Wenn er den anderen wählt, nämlich in der Gesandtschaft zu arbeiten, so kann diese Entscheidung nur Ausdruck einer letzten Kraftanstrengung sein, dem Verhängnis zu entgehen, ohne daß sie doch den Leser zuversichtlich stimmte.

12 Briefe zwischen dem 30. 7. und 10. 9. Tagebuchnotiz vom 8. 8.

Vom 30. 7. bis zum 10. 9. schreibt W. 12 Briefe und eine Tagebuchnotiz. Die Briefe enthalten Situationen und Gespräche zwischen Albert, Lotte und Werther, z. B. das wichtige Gespräch über den Selbstmord vom 12. 8. und das ebenso wichtige über das Weiterleben nach dem Tode vom 10. 9. Sie enthalten weiter Reflexionen Werthers über seine Situation und seine veränderte Erlebnisweise der Natur. Sie geben auch Aufschluß über seine sich steigernde Leidenschaft.

Funktion der Briefe im Aufbau des Romans: A. wird charakterisiert, die Charakterisierung Lottes und Werthers wird fortgesetzt, die Abreise Werthers wird motiviert

Die Funktion dieser Briefe im Aufbau des Romans besteht darin, daß Albert charakterisiert und der unüberbrückbare Gegensatz zwischen ihm und W. deutlich gemacht, die Charakterisierung Lottes und Werthers fortgesetzt, das Dreiecksverhältnis als ein unerträglicher Zustand für W. veranschaulicht und seine Abreise dadurch motiviert wird. Der Leser verfolgt den Prozeß seiner Loslösung aus den unhaltbaren Zuständen. Dieser beginnt mit dem 30. 7., als Albert ankommt. W. sagt bereits zu diesem Zeitpunkt: „[. . .] ich werde gehen". Aber erst am 10. 9. ist er in der Lage, das Vernünftige zu tun. Er geht, aber ohne Lotte und Albert über sein Vorhaben unterrichtet zu haben.

30. 7.

Die Ankunft Alberts verändert die Situation. Sie schafft eine neue Realität, die W. auf den Boden der Tatsachen zurückholt. Er begreift nun erst, was er längst wußte, nämlich daß Lotte für ihn verloren ist.

Albert ist gelassen, emsig und rechtschaffen. Er weiß auch W. einzuschätzen.

Er charakterisiert in diesen Briefen A. durch direkte Beschreibung und durch das, was dieser erzählt. A. hat eine „gelassene Außenseite", die gegen Werthers unruhigen Charakter „lebhaft" absticht. Er ist „ein braver, lieber Mann", das klingt ein wenig herablassend, er hat „wenig üble Laune" und damit schon bei W. gewonnen, da dieser üble Laune (1. 7.) als eine Sünde betrachtet. W. ist der Meinung, daß Albert ihn einschätzen kann, denn er halte ihn „für einen Menschen von Sinn", dh. Geist. Außerdem ist er seiner Sache, was Lotte anlangt, sicher, so daß ihn Werthers Anhänglichkeit an Lotte nicht nur nicht stört, sondern freut. Er hat also ein gesundes Selbstbewußtsein. Zu den genannten Eigenschaften gesellt sich eine weitere, ohne die sie in Werthers Augen wenig wert wären. W. sagt von Albert: „Er hat viel Gefühl". Er nennt ihn auch „der ehrliche Albert", womit so viel wie aufrecht und gradlinig gemeint ist, und fühlt sich von ihm „mit herzlicher Freundschaft" umfaßt. Als hervorstechende berufliche Eigenschaften nennt W. seine „Ordnung und Emsigkeit in Geschäften" (10. 8.)

Albert ist in die Gesellschaft integriert. Er akzeptiert ihre Normen und Konventionen,

Albert erscheint also als ein Mann, der in die Gesellschaft, in der er lebt, integriert ist, der ihre Normen und Konventionen akzeptiert, ohne jedoch ein bigotter Spießer zu sein.

Werthers Reaktion auf die neue Situation und die ihm dadurch aufgezwungene Einsicht

ist aber kein Spießer

besteht zunächst darin, daß er durchzuhalten versucht. Er beißt „die Zähne aufeinander". Den Druck der Verzweiflung, der auf ihm lastet, weil nun Albert statt seiner an Lottes Seite sitzt, versucht er durch zielloses Her-

W. benimmt sich wie ein launisches Kind.

umlaufen und exzentrisches Gehabe loszuwerden. Es gelingt ihm nicht, seiner „Laune" Herr zu werden, obwohl er weiß, daß er Lotte damit belastet.

Gleichzeitig nimmt er seine letzte Chance wahr, etwas von dem früheren glücklichen Zustand zu retten, indem er Lotte immer dann besucht, wenn er Albert abwesend weiß. Da dieser emsig in seinem Beruf ist, bieten sich auch jetzt Gelegenheiten dafür.

Lotte sieht W. nach wie vor gern in ihrer Nähe

Lottes vertraute Beziehung zu W., ihre Unbefangenheit ihm gegenüber und auch die Tatsache, daß sie ihn gerne sieht, werden dadurch deutlich, daß sie W. nicht daran hindert.

8. 8.

Im Brief und in der Tagebuchnotiz vom 8. 8. spricht W. mit hellsichtiger Klarheit über seinen Zustand.

W. ist zu einem Entweder – Oder nicht fähig

Er ist nicht Manns genug (S. 33), zu einem Entweder – Oder in bezug auf seine Leidenschaft zu kommen, d.h. entweder auf Lotte ganz zu verzichten, wie der Freund ihm rät, oder den Versuch zu unternehmen, Albert von ihrer Seite zu verdrängen, denn die beiden sind ja noch nicht verheiratet.

Er fürchtet den „Dolchstoß" des Endes – liefert sich statt dessen der „Krankheit zum Tode" aus

Er fürchtet den „Dolchstoß", der der Qual „auf einmal ein Ende" macht, und zieht also dem schmerzhaften Ende den Schrecken ohne Ende vor. Er liefert sich der „schleichenden Krankheit" des ungelösten Konfliktes zwischen Triebimpuls und Verzicht auf diesen aus.

Er erkennt sogar, daß er nicht wie ein Erwachsener, sondern „wie ein Kind" handelte und handelt und daß eine Besserung des Zustandes nicht abzusehen ist, obwohl er noch einen Rest „abschüttelnden Muts" in sich fühlt.

10. 8.
W. könnte ein Mitglied der „liebenswürdigen Familie" sein – aber er ist ein „Tor" und nimmt die angebotene Rolle nicht an

W. setzt die hellsichtige Betrachtung seiner Lage fort. Er bezeichnet sich als Toren, weil er „so schöne Umstände", wie es die sind, in denen er jetzt lebt, nicht genießen kann. Er zählt die Faktoren, die ihn glücklich machen könnten, einzeln auf und faßt sie zusammen in dem Begriff der „liebenswürdigen Familie", von der er ein Glied sein könnte.

W. sucht also Geborgenheit in der Familie. Sie hat ihm immer gefehlt. Bis zum Schluß kehrt dieses Motiv wieder. Es ist verbunden mit der Person von Lottes Mutter. Zum ersten Mal erfolgt hier ein Hinweis auf diese und die Bedeutung der Tatsache, daß sie „auf ihrem Todbette Lotten ihr Haus und ihre Kinder übergab" und daß sie diese Albert anbefohlen habe. (10. 9. und Abschiedsbrief)

Die Bedeutung von Lottes Mutter für die Familie

Es fällt auf, daß der lebende Vater, der Amtmann, weniger Bedeutung für die Familie hat als die tote Mutter. W. erfährt diese Einzelheiten auf einem Spaziergang mit Albert. Sein Zustand wird deutlich im Bilde vom Strauß, den er „sorgfältig" zusammenstellt und dann wegwirft.

12. 8.
Das Pistolen-Motiv wird eingeführt

Das Gespräch über den Selbstmord wird ausgelöst durch Werthers Bitte um Alberts Pistolen und seine „Grillen", die dazu führen, daß er sich die Mündung der ungeladenen Pistole an die Stirn setzt. Das Motiv taucht hier zum ersten Mal auf, wohingegen vom Selbstmord schon früher die Rede war (22. 5.) Das Gespräch steht an zentraler Stelle im Buch, nämlich etwa in der Mitte. Sie erlaubt Rückblick und Ausblick. Hat W. früher den Selbstmord als letzten Ausweg aus der Eingeschränktheit der menschlichen Existenz erwähnt, so rechtfertigt er ihn hier theoretisch.

W. rechtfertigt den Selbstmord theoretisch

Der Leser wird damit eingestimmt auf das kommende Geschehen: W. kann und will sich mit der ständischen Gesellschaft nicht arrangieren, seine Liebe bleibt unerfüllt, und auch der Ausweg eigener schöpferischer Tätigkeit bleibt ihm verwehrt. Er nimmt sich das Leben.

Mit dem Selbstmord Werthers stellt G. Grundlagen der Gesellschaft in Frage

G. läßt W. nicht zum Revolutionär werden, der die Gesellschaft zu verändern sucht. Er rüttelt aber an den Grundlagen dieser Gesellschaft, indem er seinem Helden erlaubt, den Vernunft- und Tugendkanon eben dieser Gesellschaft zu mißachten und sich als Individuum in bestimmter Hinsicht von ihm zu befreien, ohne daß er ihn dafür verurteilt. Wie der Selbstmord im 18. Jhdt. beurteilt wurde, kann folgendes Zitat erhellen:

„Innerhalb der europäischen Intelligenz kam zwar im 18. Jahrhundert eine Diskussion über den Selbstmord in Gang, und Montesquieu forderte, daß jeder über seinen Tod wie über sein Leben frei verfügen sollte, aber im übrigen war es ein streng gewahrtes Tabu. Gesellschaftlich geächtet, stellte der Selbstmord in juristischer Sicht ein Verbrechen dar, das vom Staat verfolgt wurde. Der Selbstmörder hatte kein Recht auf ein ordentliches Begräbnis, die Leiche wurde für medizinische Zwecke freigegeben oder, schlimmer noch, zur Abschreckung öffentlich ausgestellt oder auf Karren durch die Straße gezogen. Die Familie des Selbstmörders mußte mit Strafen rechnen.

Als in Deutschland mit der Gesetzgebung unter Friedrich dem Großen erstmals eine Entkriminalisierung des Selbstmords eingeleitet wurde, hielten die Kirchen daran fest, Höllenqualen und das Fegefeuer anzudrohen. Mit größter Überzeugung konnte die Geistlichkeit behaupten, daß der Selbstmörder zugleich gegen die Natur und die göttlichen Gebote verstieß. Auch war der Wiederauferstehungsglaube so an die Unversehrbarkeit der persönlichen Erscheinung geknüpft, daß es ganz widernatürlich schien, selbst Hand an sich zu legen. Die Anatomie, die Sektion des Leichnams, drohte dem Selbstmörder, wenigstens aber eine unehrenhafte Bestattung außerhalb der christlichen Gemeinschaft. »Kein Geistlicher hat ihn begleitet«, notierte Kestner über den aus dem Leben geschiedenen Jerusalem, und wortwörtlich übernahm es Goethe für seinen Werther. Handwerker trugen seinen Sarg im Dunkel der Nacht."[1)]

A. vertritt die gesellschaftlich sanktionierte Position

Der Verlauf des Gesprächs zeigt Albert als den aufgeklärten Bürger, der weder bigott noch beschränkt ist, aber die gesellschaftlich sanktionierte Position vertritt.

Sein erstes Argument, mit dem er sich gegen den Selbstmord wendet, lautet, dieser sei „töricht", also vernunftwidrig. Der Gedanke an ein solches Handeln erregt ihm Widerwillen. Sein zweites Argument ist begründet in den geltenden Moralvorstellungen.

Selbstmord ist töricht und lasterhaft

Er hält Selbstmord für „lasterhaft", also sündhaft, und deshalb verwerflich. W. widerspricht ihm, indem er Alberts Bewertungsmaßstäbe verwirft und die menschliche Natur (S. 17/18) zum einzigen Maßstab der Bewertung macht.

W. fragt nach den Ursachen

Er lehnt oberflächliche – weil rein verstandesmäßige und moralische – Kategorien wie töricht, klug, gut und böse ab und verlangt, daß die Ursachen einer Handlung erforscht und für ihre Beurteilung herangezogen werden.

Von den Lastern – er erkennt an, daß es solche gebe – will er die ausnehmen, deren

1) Blessin. Stefan, J.W.Goethe, Die Leiden des jungen Werther. Verlag Moritz Diesterweg. Frankfurt/M 1986 S. 48

Er verlangt Mitleid, nicht Strafe, für Handlungen, die aus äußerster Not erfolgen

Ursache eine äußerste Not war, z. B. Angst vorm Hungertod, Liebe und Leidenschaft. Für Taten, die aus solchen Beweggründen entspringen, verlangt er Mitleid, nicht Strafe. W. hat mit seinen Beispielen A. das Stichwort geliefert. Für ihn ist ein Mensch, „den seine Leidenschaften hinreißen, [. . .] ein Trunkener, [. . .] ein Wahnsinniger." Damit ist der wesentliche Unterschied zwischen den Positionen formuliert.

Für A. sind solche Trunkenen und Wahnsinnigen – wie es der gesellschaftlichen Konvention, die sich auch in entsprechenden Gesetzen ausdrückte, entsprach – unzurechnungsfähige Leute. Ihr Handeln ist mit vernünftigen Kategorien nicht zu messen.

W. läuft Sturm gegen diese Ansicht. Er sieht in den Trunkenen und Wahnsinnigen gerade jene „außerordentlichen Menschen, die etwas Großes, etwas Unmöglichscheinendes wirkten", und wirft A. vor, daß die sittlichen Menschen, die „Pharisäer", die „Nüchternen", die „Weisen", solche Menschen als Trunkene und Wahnsinnige diffamiert hätten. G. spricht hier als Angehöriger der Sturm- und Drang-Generation und als Anhänger des Geniekultes.

Werthers Argumentation ist A. nicht zugänglich. Er nennt Werthers Äußerungen „Grillen" und wertet sie damit ab. Mit einem weiteren Argument versucht er, seine rationale Position zu stützen. Er erklärt Selbstmord als Schwäche und sagt: „Denn freilich ist es leichter zu sterben, als ein qualvolles Leben standhaft zu ertragen."

Ein weiteres Argument Alberts: Selbstmord ist Schwäche

Da W. von der menschlichen Natur ausgeht, von dem, was sie zu fühlen, zu erleiden, zu ertragen vermag, verlangt er, daß derjenige, der über die Sache reden wolle, „mitempfinden" müsse. Er entwertet seinerseits Alberts Argument dadurch, daß er Selbstmord er-

W. entzieht den Selbstmord der Zuständigkeit rationaler Beurteilung

Seine Ursache ist eine „Krankheit zum Tode"

neut der Zuständigkeit rationaler Beurteilung entzieht, indem er das Leiden eines Menschen, das diesen dahin führe, sich das Leben zu nehmen, er sagt, „die sonst angenehme Bürde des Lebens abzuwerfen", als „Krankheit zum Tode" bezeichnet.

Das Bild der Krankheit, zum ersten Mal am 8. 8. gebraucht, kehrt bis zum Schluß immer wieder. Was W. damit meint, macht er am Beispiel des Mädchens klar, das, wie beide wußten, vor einiger Zeit von seinem Liebhaber verlassen worden war und sich deshalb das Leben genommen hatte. Die Beschreibung, die W. von dem Zustand des Mädchens gibt, nimmt seinen eigenen vorweg, der ihn später in den Selbstmord treibt.

A. bleibt ruhig und sachlich, begreift aber nichts von Werthers leidenschaftlicher Argumentation. Das macht seine Bemerkung deutlich, daß das Mädchen einfältig gewesen sei, daß aber ein „Mensch von Verstande", der nicht so eingeschränkt sei", kaum entschuldigt werden könne.

A. beruft sich auf den Verstand – W. auf die Natur des Menschen

Für W. gibt es solche Unterscheidungen in Lebensfragen nicht. Seine Erklärung lautet: „Die Natur findet keinen Ausweg aus dem Labyrinthe der verworrenen und widersprechenden Kräfte, und der Mensch muß sterben." Der Gegensatz ist unüberbrückbar. W. bricht die Unterhaltung ab und geht.

Tatsächlich hat keiner wirklich mit dem anderen Kommunikation gesucht. W. trägt seinen Standpunkt in emphatischen Ausbrüchen vor. Es geht ihm nicht darum, Gegenargumente zu hören. Albert reagiert lediglich auf W., indem er die rationale Gegenposition vertritt, ohne sich jedoch mit Werthers Ansatz auseinanderzusetzen. So erscheint zum Schluß keine der beiden Positionen überzeugend.

15. 8.
28. 8.

Die Briefe vom 15. und 28. 8. gehören ihrer Thematik nach zueinander. Sie machen anschaulich, was W. am 10. 8. festgestellt hat, daß er nämlich ein Glied der Familie geworden ist. Die Kinder lieben ihn, er darf ihnen sogar das Brot schneiden. Lotte und Albert bedenken ihn zum Geburtstag mit Geschenken, die nicht persönlicher ausgewählt sein könnten und deutlich machen, wie sehr sie ihm Freude zu machen wünschen. Sie zeigen auch, daß Albert tatsächlich nicht eifersüchtig ist. W. erhält nämlich eine der blaßroten Schleifen, die Lotte am Tag des Balles trug und die W. sofort aufgefallen sind. Goethe nimmt das Motiv im letzten Teil des Abschiedsbriefes noch einmal auf. Die Schleifen sind für W. das Symbol, der Inbegriff, das Unterpfand seiner Bindung an Lotte seit dem ersten Augenblick, wo er sie sah.

21. 8.
30. 8.
Werthers Zustand erreicht einen Höhepunkt

Der Tenor dieser beiden Briefe macht aber klar, daß Werthers Verfassung nach wie vor vom Bewußtsein der Krankheit beherrscht wird, die nicht mehr zu heilen sei. Es drängt sich in den Briefen vom 21. 8. und 30. 8. in den Vordergrund und erreicht einen Höhepunkt. Werthers Ausgeliefertsein an seine Leidenschaft ist nicht mehr zu steigern. Seine Natur, seine Sinne, bäumen sich gegen den Selbstzwang auf, dem er sich unterwirft. Aber dieser funktioniert. Da seine Leidenschaft also keine Entspannung erfährt, – daß er auf Lottes Hand seine „Beklemmung" ausweinen darf, ist keine – läuft W. in die freie Natur, um seine Kräfte bis zur Erschöpfung abzuarbeiten und sich von Hecken und Dornen verletzen zu lassen. Der körperliche Schmerz verschafft ihm seelische Erleichterung. Aber geholfen ist ihm nicht.

W. sieht keinen anderen Aus-

Er sieht „dieses Elendes kein Ende als das Grab". Dennoch wählt er dieses Ende jetzt

weg als das Grab

noch nicht, wie er das nach dem 6. 12. 1772 tut. Er ist zwar auch jetzt seiner Leidenschaft so ausgeliefert, daß ihm „keine andere Gestalt als die ihrige" erscheint, – am 6. 12. 1772 *verfolgen* ihn ihre Gestalt und ihre Augen – aber er hat noch einen Ausweg, und zwi-

Entscheidung zum Aufbruch

schen dem 30. 8. und 3. 9. fällt denn auch seine Entscheidung zum Aufbruch.

Der letzte Rest „abschüttelnden Muts" (8. 8.) hilft ihm, sich aus der hoffnungslosen Situation loszureißen. Eine Zwischenstation auf diesem Weg ist der Brief vom 22. 8.

22. 8.
W. erwägt den Gedanken, bei der Gesandtschaft zu arbeiten

W. beschäftigt sich mit der Möglichkeit, eine Stelle bei der Gesandtschaft anzunehmen. Er ist aber noch nicht zu einem Entschluß gekommen. Die Aussichtslosigkeit seiner Lage hat noch nicht zu dem Grad von Beklemmung geführt, wie er im Brief vom 30. 8. deutlich wird.

W. vermutet, daß ihn keine Art von Tätigkeit zufriedenstellen kann

Aber Werthers Zögern hat noch einen anderen Grund. Er spricht am 22. 8. die Vermutung aus, daß sein Sehnen „nach Veränderung des Zustands eine innere, unbehagliche Ungeduld" sei, die ihn „überallhin verfolgen wird". Er zweifelt also daran, daß ihm geholfen werden könne durch Ortswechsel und eine andere Art von Tätigkeit, so daß zu fragen bleibt, wodurch die „innere, unbehagliche Ungeduld" ausgelöst ist. Da W. in diesem Brief auch davon spricht, daß er nichts tun, aber auch nicht müßig sein könne, daß er „keine Vorstellungskraft, kein Gefühl an der Natur" habe und daß die Bücher, also auch der Homer, ihn anekelten, und da er zu dem Schluß kommt:

Werthers Leiden ist sein Ungenügen am Zustand der Welt

„Wenn wir uns selbst fehlen, fehlt uns doch alles", wird der Leser auf die Mai-Briefe verwiesen, in denen W. sein Ungenügen am Zustand der Welt artikuliert hat. In der Zwischenzeit ist es in der Leidenschaft für Lotte scheinbar untergegangen, bleibt aber der eigentliche Grund für sein Leiden.

18. 8.

Werthers verändertes Verhältnis zur Natur, wie er es in diesem Brief andeutet, ist Gegenstand des vorangegangenen Briefes vom 18. 8. Dieser ist der 6. innerhalb der genannten 12 Briefe und markiert einen Einschnitt. Am 10. 5. schildert W., welche Glückseligkeit das Erlebnis der Natur in ihm auslöst, und dieser Brief ist wie ein Signal für die Folgezeit. Es ist Frühling, alles ist offen und die Welt voller Hoffnung. W. erfährt Glück nicht nur durch die Natur, sondern auch durch Menschen und Dinge. Mitte August, der Sommer neigt sich seinem Ende zu, ist eine neue Situation eingetreten.

Die Natur ist für W. nicht mehr die Quelle seines Glücks, sondern seines Elendes

W. ist Gefangener seiner Leidenschaft. Nun schlägt seine Sicht ins Gegenteil um. Er sieht nur noch den Gegenpol. Die Natur, einstmals Ursprung seines Glückes, wird „die Quelle seines Elendes". Er nimmt nur noch ihre Zerstörungskraft wahr, ist sich aber dessen bewußt, daß nicht die Natur, sondern daß er sich verändert hat. Er relativiert damit wieder diese neue Position. In einer großen Vision und in vergleichbaren Satzperioden wie denen im Brief vom 10 5. beschwört er sein Frühlingserlebnis und macht in einem Bild anschaulich, was geschehen ist:

Vor seiner Seele hat sich ein Vorhang weggezogen, so daß er die verzehrende Kraft der Natur erkennt

„Es hat sich vor meiner Seele wie ein Vorhang weggezogen [...]." Die Natur ist jetzt eine „verzehrende Kraft", „ein ewig verschlingendes, ewig wiederkäuendes Ungeheuer". Daß Goethes Naturvorstellung sich von der Rousseaus unterscheidet, wird an dieser Stelle deutlich.

Auch dieser Brief wirkt wie ein Signal für den Fortgang der Geschichte.

3. 9.–10. 9.

In der Zeit vom 3. 9. – 10. 9. hat W. seine Abreise vorbereitet und am 10. 9. von Lotte und

Albert Abschied genommen. Er berichtet darüber.

Schauplatz des Abschieds ist der Garten des Grafen von M.

Der lange Brief beginnt mit Ausrufen und Ausdrücken des Überschwangs. Schauplatz des Abschieds ist der Garten des Grafen von M., den W. am 4. 5. als einen Ort beschrieben hat, an dem er sich wohlfühlt, weil er seinen Vorstellungen von nicht verdorbener Natur entspricht. Hier hat er viele Stunden verbracht, zunächst allein und später mit Lotte.

Er bedeutet für W. Glück und Schmerz in einem

Hier entfaltete sich die empfindsame Seelenverwandtschaft der beiden. Der Ort symbolisiert für W. Glück und Schmerz der vergangenen Monate in einem.

W., Lotte und Albert haben sich zum Abend verabredet.

Die Unterhaltung wird doppelbödig, weil W. seine Abreise verschweigt

Aber W. hat nichts von seinem Plan, am nächsten Morgen aufzubrechen, verlauten lassen, so daß die Unterhaltung, in der es sich um Abschied, Tod und Weiterleben nach dem Tode handelt, Hintersinn und Doppelbödigkeit erhält.

Der Ort, Terrasse, Kastanienallee, Boskett und Kabinett im Mondlicht, ruft das Thema des Gesprächs hervor.

Ort und Zeit der Begegnung entsprechen der empfindsamen Seelenkultur

Auch das Thema entspricht ihr

Lotte schlägt es an, indem sie sich an ihre früh verstorbene Mutter erinnert und W. fragt, ob er an ein Weiterleben und Wiedersehen nach dem Tode glaube. Goethe nimmt damit ein Thema auf, das unter den empfindsamen Geistern dieser Zeit sehr beliebt war. Es kam aus England und hatte u. a. durch Klopstocks Ode „An die frühen Gräber" (1764) in Deutschland weitere Verbreitung gefunden.

Die Örtlichkeit und ihre besondere Stimmung entsprechen ebenso empfindsamen Vorstellungen der Zeit.

W. und Lotte, die die Unterhaltung alleine bestreiten, sprechen in dem gefühlvollen, seelenvollen und hochgestimmten Ton miteinander, der unter den solcherart Gebildeten damals Mode war.

W. und Lotte glauben an ein Wiedersehen nach dem Tode

Er ist aber keine bloße Attitüde, da die Frage des Weiterlebens nach dem Tode und des Wiedersehens danach sowohl für Lotte als auch für W. Bezug hat zur eigenen Lebenssituation. Wie stark dieser Bezug ist, zeigen die letzten Äußerungen in Werthers Abschiedsbrief an Lotte vom 22. 12. 1772. Er nimmt darin das Thema dieses Gesprächs wörtlich wieder auf. Da er Lotte nicht mehr sehen wird, klammert er sich an die Hoffnung, ihre Mutter im Jenseits zu sehen. Die Mutter ist eine zentrale Figur in beiden Briefen. Sie wird für W., der eine wahre Mutter und einen Vater vermißt, zur Bezugsperson.

Lottes Mutter eine zentrale Figur im Brief vom 10. 9. 1771 und 22. 12. 1772

Lotte spricht über den engen Zusammenhang ihres eigenen Lebens mit Leben und Tod der Mutter. Diese hat sie in ihre Funktion als stellvertretende Mutter der Familie eingesetzt. Und dieser Akt ist für Lotte die Quelle ihrer Sicherheit geworden. Bei früherer Gelegenheit (10. 8.) hat Albert davon erzählt, wie Lotte seit dieser Zeit „ein ganz anderer Geist" belebt habe.

Lotte bezieht aus der Einsetzung durch ihre Mutter in deren Rolle ihre Sicherheit

Der Tod ist nichts Endgültiges für L. und W.

Der Zusammenhang mit der Mutter ist Lotte immer noch fühlbar, so daß sie Tod nicht als etwas Endgültiges betrachten kann. Das Weiterleben nach dem Tod hat für Lotte zwar religiösen Sinn – sie nennt ihre Mutter „liebe Heilige" –, aber es ist keine konfessionelle Religiosität, die sie beseelt, und auch darin trifft sie sich mit W. Er erfährt an diesem letzten Abend gleichsam als die Summe seiner Beziehung zu Lotte, daß diese den Wert ihrer Mutter an seiner Person mißt. Damit ist er ganz in die Familie aufgenommen.

Lotte mißt den Wert ihrer Mutter an Werthers Person

Lottes und Werthers Hochgestimmtheit gipfeln in Werthers Abschiesworten, die Lotte aber nicht versteht und die sie deshalb für überspannt hält. Sie ist sofort wieder auf dem Boden der Tatsachen, als W. von ewigem Abschied spricht, da sie glaubt, ihn am nächsten Tag wiederzusehen.

Albert trägt nichts zum Gespräch bei

Albert trägt nichts zu diesem Gespräch bei. Ganz offensichtlich bringt es keine Saite in ihm zum Klingen. Er läßt Lotte aber bis zu einem gewissen Grade gewährten, steht also ihrer Empfindungswelt nicht feindlich gegenüber. An zwei Stellen greift er in das Gespräch ein. Beide Male dreht es sich nicht um den Gegenstand, sondern um Lottes Reaktion darauf und um sein Verhältnis zu ihr. Mit der ersten Äußerung sucht er, seiner rationalen Natur entsprechend, Lottes Gefühlsüberschwang zu dämpfen. Er kleidet seine Ermahnung in Sorge um ihre Gesundheit. Die zweite Äußerung zeigt ihn zum ersten und einzigen Mal „ganz aus seiner Fassung". Er ist glücklich, fällt Lotte um den Hals und küßt sie.

Er dämpft aber Lottes Empfindsamkeit und zeigt sein Gefühl für sie

Albert ist also empfindungsfähig. Er liebt Lotte und kann es ihr auch zeigen.

Albert kann Lotte seine Gefühle zeigen

Die Lebensfülle Lottes, ihre Vorstellungskraft und ihre Empfindungsfähigkeit, ihre Hinwendung zu geistig-seelischen Phänomenen, der ganze Reichtum ihrer Person erscheinen in diesem Gespräch wie in einem Brennpunkt gebündelt.

Eine Anmerkung zu den Anredeformen.

Es fällt im ganzen Roman und besonders auch in diesem Brief auf, daß die Anreden nicht so festgelegt sind, wie wir es heute kennen. Werther – Lotte – Albert reden sich sowohl mit „Du" wie auch mit „Sie" an. W. redet seine Mutter mit „Ihr" an (2. Buch), den geistesverwirrten Heinrich, der zu den einfachen Leuten gehört, mit „Er" (2. Buch). Allgemein galt die Anrede „Du" als vertraulich. Sie wurde auch in der Poesie gebraucht. Die Anrede „Sie" war dagegen förmlich und offiziell.

Zweites Buch

Die Aufteilung des Romans in ein I. und II. Buch entsprich den beiden Abschnitten in Werthers Leben, die zu seinem Ende führen, und weist ein bestimmtes Muster auf.

Buch I: W. ist geflohen, er fängt neu an, er flieht dorthin,

Buch II woher er gekommen ist, scheitert und flieht wieder an den Ort des Neuanfangs Er dreht sich im Kreis

Im I. Buch verfolgt der Leser seinen Neuanfang und seine zunehmende Verstrickung in die Leidenschaft, der er schließlich noch einmal zu entfliehen sucht. Im II. Buch erlebt er ebenfalls einen Neuanfang Werthers, diesmal nicht in der Zurückgezogenheit der ländlichen Idylle, sondern in der Welt, aus der W. zu Anfang des Romans bereits geflohen ist. Er erlebt weiter, daß W. scheitert und wiederum an den Ort der ehemaligen Idylle flieht, der aber nun kein Ort der Zuflucht und des Bleibens mehr ist, so daß W., jeder Fluchtmöglichkeit auf dieser Erde beraubt, aus diesem Leben flieht. Er hat sich im Kreis gedreht.

Am Anfang: Rausch der Begeisterung Am Ende: Rausch der Verzweiflung

Die zunehmende Verdüsterung von Werthers Seele äußert sich in der Art und Weise, wie er jetzt Welt und Menschen erlebt. Steht im I. Buch am Anfang der Rausch der Begeisterung, der mit dem Gang der Ereignisse abgebaut wird, so steigern sich im II. alle Vorkommnisse zum Rausch der Verzweiflung, mit dem das Buch endet.

12 Briefe in der Zeit vom 20. 10. 1771 – 19. 4. 1772

In der Zeit vom 20. 10. 1771 bis zum 19. 4. 1772 schreibt W. 11 Briefe an seinen Freund, einen an Lotte und eine Tagebuchnotiz zur Hochzeit von Lotte und Albert. Er schreibt also sehr viel weniger als in den Monaten davor. Das erklärt sich dadurch, daß er einerseits beschäftigt ist, daß ihn anderseits aber auch weder die Gegenstände, mit denen er sich zu befassen hat, noch die meisten Menschen, mit denen er gezwungenermaßen und freiwillig zu tun hat, wirklich angehen. In den Briefen an Wilhelm kommt Lotte nicht vor. Die Ereignisse des vergangenen Sommers werden nicht berührt. Werthers Briefe befassen sich mit dem, was er erlebt, und dokumentieren die Geschichte seines Mißerfolges in der Welt. Während der Leser im 1. Buch in erster Linie über Werthers Fühlen und Denken unterrichtet wird, hinter denen das „historische" Erzählen zurückbleibt, verfolgt er jetzt die genaue Chronik seines Scheiterns.

Die Chronik von Werthers Scheitern

Dieses ist nicht dadurch bedingt, daß W. den Anforderungen, die an ihn gestellt werden, etwa nicht gewachsen wäre. Ganz im Gegenteil. Seine Vorgesetzten, ein Erbprinz, dessen Minister und außerdem ein Graf C., sind voll des Lobes über seine Fähigkeiten und wissen sowohl seinen Verstand als auch seinen Charakter und seine Bildung zu schätzen.

Werthers Person zieht Menschen aus allen Ständen an

Seine Person zieht Menschen aus allen Ständen an. Er erledigt seine Arbeiten mit leichter Hand und betreibt sie zunächst auch mit Engagement und der ganzen Konzentration, zu der er fähig ist. Er will sich retten.

W. erledigt seine Aufgaben mit leichter Hand

Was ihn schließlich dennoch scheitern läßt, ist die „Einschränkung", die er durch den Gesandten, unter dem er arbeitet, und die adlig – bürgerliche Gesellschaft erleidet. Die Vorkommnisse bestätigen Werthers Meinung von der Gesellschaft, wie er sie schon im I. Buch ausgesprochen hat (22. u. 26. 5. 1771). Tätigkeit in der Gesellschaft kann ihn nicht befriedigen.

Der Verdruß mit dem Gesandten 20. 10. 1771 24. 12. 1771 17. 2. 1772

W. hat von Anfang an Vorbehalte gegen den Gesandten (20. 7. 1771), beginnt seine Arbeit bei ihm aber dennoch in einer Stimmung der Hoffnung. Er erkennt, daß er zu Minderwertigkeitskomplexen keinen Grund hat, und freut sich, nach Monaten der Untätigkeit genug zu tun zu haben. Aber er genießt auch das Schauspiel, viele neue Menschen kennenzulernen. Unter diesen gefällt ihm vor allem ein

W. genießt zunächst das

Schauspiel, viele Menschen zu sehen

Graf C., der von den anderen durch sein Vermögen, „Freundschaft und Liebe" zu empfinden, absticht. W. ist also in der neuen Umgebung nicht ohne eine gleichgestimmte Seele. Da er in besserer Übereinstimmung mit sich selber ist als früher, scheint er sich anpassen zu können. Diese Übereinstimmung wird aber bald gestört.

Der Gesandte nimmt Anstoß an Werthers Inversionen

Der Gesandte stört ihn durch seine Pedanterie, Engstirnigkeit und Gehässigkeit. Der eigentliche Punkt des Anstoßes wird Werthers Stil. Es geht um die Inversionen, d. h. Wortumstellungen im Satz. Sie sind W. wichtig, weil sie ihm erlauben, dem eigenen Gefühl für Ausdruck zu folgen. Man könnte geneigt sein, diesen Punkt für nebensächlich zu halten, so daß man Werthers Erregung darüber nicht versteht. Wenn man aber weiß, daß Inversionen zur damaligen Zeit wiederholt Gegenstand grundsätzlicher Auseinandersetzungen über Freiheit des Stils im Gegensatz zu Konventionen der Grammatik waren, so bekommen Werthers Klagen ein anderes Gewicht. Wer sich damals der Inversionen bediente, wollte ausdrücken, daß er sich gegen die rationalistische Kunstauffassung der Zeit wandte. Indem er die „Regeln" verletzte, bekannte er sich als zugehörig zu der Gruppe der Stürmer und Dränger, der Anhänger des Geniekultes.

Inversionen als Verstöße gegen die „Regeln" rationalistischer Kunstauffassung

Diese wollten in einem neuen Sinne poetisch schreiben, nämlich affektvoll, kühn, individuell im Ausdruck.

und als Ausdruck poetischen Schreibens

Eine solche Schreibweise nun strebt W. auch in seinen Geschäftsbriefen an, und das muß den Gesandten ärgern, der auf äußerste Korrektheit des Ausdrucks dringt. Der Streit zwischen den beiden wächst sich zu regelrechter Konfrontation aus. Sie wird schließlich nur dadurch beigelegt, daß der Minister einen

Privatbrief an W. schreibt, indem er Werthers Eigenart anerkennt, aber seine Übertreibungen zu mäßigen sucht.

Der Streit mit dem Gesandten macht aber auch deutlich, daß W. an den Gegenständen, mit denen er sich zu beschäftigen hat, wenig oder gar nicht interessiert ist. Er spricht nie davon, daß er eine Aufgabe habe, die ihn fessele, so daß der Streit um die ästhetische Frage genügt, ihm die ganze Sache zu verleiden.

Der Verdruß mit der Adelsgesellschaft
24.12.1771
15.3.1772
16.3.1772
24.3.1772

W. spricht am 24.12.1771 von den „fatalen bürgerlichen Verhältnissen" und meint in dem von ihm dargestellten Zusammenhang die Adelsgesellschaft. Der Ausdruck „bürgerlich" steht also für „ständisch". Er war damals nicht so festgelegt wie heute.

W. respektiert die gesellschaftliche Ordnung seiner Zeit

W. respektiert, wie bereits gesagt, die gesellschaftliche Ordnung seiner Zeit. Er erkennt, daß er Vorteile davon hat, und revoltiert nur dann gegen sie, wenn er durch sie daran gehindert wird, Freundschaften mit Menschen zu pflegen. Er sucht und findet diese – wie bekannt – in allen Schichten, und der Maßstab, an dem er Menschen mißt, ist immer derselbe.

Er beurteilt sie nach ihrem Vermögen, Mensch zu sein, d. h. Natur, unverstellte Empfindung zu haben.

Er widmet den gesellschaftlichen Konventionen keine sonderliche Aufmerksamkeit – erwartet aber, daß sein Individualismus akzeptiert wird.

Den Konventionen, die das Leben der Adelsgesellschaft prägen, paßt er sich an, ohne ihnen jedoch sonderliche Aufmerksamkeit zu widmen. Da er sie als abgestanden und grotesk empfindet, sind sie ihm nur lästig. Die Adelsgesellschaft als solche interessiert ihn nicht. Er leistet sich den Individualismus, die Verbindung zu Menschen zu pflegen, die ihm am Herzen liegen – nämlich zum Grafen C. und zum Fräulein von B. – und erwartet ganz selbstverständlich, daß dieser von allen akzeptiert wird. Das Fräulein von B. gefällt W. deshalb so gut, wei es das Hauptererfordernis erfüllt, das er an alle Menschen stellt, wenn sie ihn interessieren sollen. Es hat nämlich „sehr viele Natur mitten in dem steifen Leben erhalten" (24.12.1771). W. hat also eine gleichgestimmte Seele gefunden und sucht deren Nähe, die ihm auch deshalb besonders angenehm ist, weil das Fräulein von B. Lotte gleicht. Sie hat Gefühl und Geist. Sie durchschaut das leere Getümmel ihres Standes und liebt es, sich mit W. phantasievoll zu unterhalten.

Frl. v. B. hat Gefühl und Geist

Die Verbindung endet aber im Zusammenhang mit dem Ärger, den W. in der Adelsgesellschaft erlebt. Er ist dadurch entstanden, daß W. anläßlich einer Versammlung von Adligen beim Grafen C. nicht darauf geachtet hat, daß er als Bürgerlicher sich zu entfernen hat. Er bleibt, und der Graf C. sieht sich schließlich genötigt, ihm einen Wink zu geben, weil etliche Adlige ihn drängen. W. muß gehen, erfaßt aber zunächst gar nicht, was ihm widerfahren ist.

W. verstößt gegen die Konvention und wird aus der Adelsgesellschaft verwiesen

Erst das Fräulein von B. macht ihm das Ausmaß der Katastrophe bewußt, in die er durch seinen Individualismus geraten ist. Sie erzählt ihm in Einzelheiten, was sich abgespielt hat und in welche Situation sie selbst dadurch gekommen ist. W. beklagt, daß sie nicht die „Barmherzigkeit" gehabt habe, ihm diese Mitteilungen zu ersparen. Das Fräulein von B. hat nicht genug Natur oder auch Gefühl, um das zu erkennen. Sie bleibt letztlich der Gesellschaft verhaftet. Auch von anderer Seite erfährt W. die Auswirkungen seines Verstoßes gegen die „Regeln". Er hat

Frl. v. B. hat nicht genug Gefühl, um W. das Ausmaß der Katastrophe zu verschweigen

nämlich „Neider". Es sind Leute, die wie er eine Stellung in der Gesellschaft bekleiden, die aber angepaßt sind und sich an die Konventionen halten. W. hat sie offenbar dadurch verärgert, daß er geglaubt hat, „sich über alle Verhältnisse hinaussetzen zu dürfen". Nun macht ihm ihre Reaktion auf den Verweis aus der Adelsgesellschaft deutlich, wie sehr er sich getäuscht hat.

W. hat sich „über alle Verhältnisse" hinausgesetzt – seine Neider triumphieren

23. 4.

W. verlangt seine Entlassung vom Hof

Das Ergebnis des Vorgangs ist, daß W. an Selbstmord denkt und die Karriere, in deren Verlauf er Geheimrat und Gesandter hätte werden können, abbricht und seine Entlassung vom Hof verlangt.

Trotz und Enttäuschung sprechen aus der Bitterkeit, mit der W. seinem Freund die neue Lage mitteilt.

Er denkt nicht daran, seine Mutter direkt zu benachrichtigen, sondern bittet den Freund darum, diese Aufgabe zu übernehmen. Er soll seiner Mutter „in einem Säftchen" beibringen, daß die Karriere ihres Sohnes schon beendet ist, nachdem er gerade erst „den schönen Lauf" dazu begonnen hatte.

8. 1. 1772
8. 2. 1772

Beide Briefe sind vor dem letzten Streit mit dem Gesandten und vor Werthers Brüskierung durch die Adelsgesellschaft geschrieben und geben Aufschluß über seine Gestimmtheit vor diesen Ereignissen. Es ist nicht so, als hätten ihn diese aus dem Himmel gerissen. Daß er mit dem Gesandten Schwierigkeiten hatt, war schon früher deutlich geworden. Daß er aber auch bereits seine Freude an dem neuen Leben in der Öffentlichkeit verloren hat, wird hier deutlich.

W. hat seine Freude am Leben in der Öffentlichkeit bereits verloren.

Was zuerst (26. 11. 1771) für ihn ein lebendiges „buntes Schauspiel" war, ist jetzt tot für ihn. Werthers Reflexionen (8. 1. 1772) zeigen ihn als kritischen Betrachter des Zeremoniells und als Verächter des Ehrgeizes, darin

W. verachtet den Ehrgeiz, in der Gesellschaft eine Rolle spielen zu wollen

eine Rolle spielen zu wollen. Es ist aber keine moralische Überheblichkeit, die Werthers Urteil bestimmt, sondern eher eine Art Mitleid. Er beklagt die mangelnde Einsicht der Menschen, ihre „Albernheit", ihren „Unbegriff", d. h. Mangel an Verstand, ihre „Enge". Er hält sie für Toren. Diese Bezeichnung hat er früher einmal (20. 7. 1771) für alle gebraucht, die sich um Geld oder Ehre abarbeiten.

20. 1. 1772 an Lotte

Auch der Brief an Lotte läßt den Abstand erkennen, den W. gegenüber Menschen und Dingen hat, von denen er zur Zeit umgeben ist (Raritätenkasten, optischer Betrug, Marionetten). Was er entbehrt, faßt er in dem Begriff „Fülle des Herzens" zusammen.

W. entbehrt die „Fülle des Herzens"

Alle drei Briefe machen klar, daß Tätigkeit in der und für die Gesellschaft für W. keine Lösung ist, da er sich nach wie vor nicht anpassen kann und will. Er fühlt sich seinem eigentlichen Leben entfremdet.

20. 2.
Werthers leidenschaftliche Zuneigung zu Lotte lebt wieder auf

Während W. sich mit der äußeren Welt herumschlägt, heiraten Lotte und Albert, ohne ihn davon zu benachrichtigen. Werthers Niederschrift bestätigt, daß er die Nachricht erst hinterher erhalten hat. Sie bewirkt in ihm ein Wiederaufleben seiner leidenschaftlichen Zuneigung für Lotte.

19. 4.
Die Entlassung vom Hof wird W. ungern gewährt

Mit diesem Brief unterrichtet W. seinen Freund davon, daß er die Entlassung vom Hofe erhalten hat. Die Art und Weise, wie sie ihm gewährt wird, zeigt, daß er nicht hätte gehen müssen. Er erhält vom Erbprinzen einige freundliche Zeilen und ein Geldgeschenk. Der Minister zeigt ihm seine Zuneigung noch einmal durch einen Brief. W. kommt aber keine Sekunde der Gedanke, seinen Entschluß zu bedauern.

6 Briefe und Mitteilungen zwischen dem

In der Zeit zwischen Ende April 1772 und Ende Juli, wo er wieder bei Lotte angekommen ist, treibt W. sich gewissermaßen ziellos

5. 5. und 18. 6.

umher. Seine berufliche Laufbahn ist zu Ende. Finanziell ist er zunächst durch das Geldgeschenk des Erbprinzen unabhängig, hat aber auch noch seine Mutter im Hintergrund, die er offensichtlich immer um Geld bitten kann. Aber er hat kein Ziel mehr und ist völlig seinen Stimmungen ausgeliefert.

Funktion der Briefe im Aufbau: Rückzug aus der Welt

Seine Briefe und kurzen Nachrichten aus dieser Zeit haben die Funktion, Werthers Loslösung von und seinen vollständigen Rückzug aus der Welt zu zeigen.

5. 5., 9. 5.

Werthers Besuch an seinem Geburtsort

Die Rückkehr an die Stätten seiner Kindheit ist für W. ein religiöses Erlebnis

Die Rückkehr an die Stätten seiner frühen Kindheit ist für W. ein empfindsames, ja religiöses Erlebnis. Er spricht von „Wallfahrt" und „Pilger", von „heiliger Bewegung", den „Stätten religiöser Erinnerungen" und bringt diese in Verbindung mit der Odyssee des Homer. Der Leser weiß, daß W. die Stufe der Kindheit als Ausdruck der wahren Natur betrachtet, als einen Zustand, in dem der Mensch noch ungebrochen ist, und daß er mit diesem die Erfahrung des Göttlichen in Zusammenhang bringt. Auch die im Homer geschilderte Welt zählt er dieser Stufe zu. Die Bewegung am Ort seiner frühen Kindheit hängt aber auch mit seinen Erinnerungen zusammen. W. hat diesen Ort als „Natur" erfahren im Gegensatz zu der Stadt, in die die Mutter nach dem Tod des Vaters umgezogen ist. Er hat den Bruch mit dieser „Natur" als tiefen Einschnitt erlebt.

Die „Altväter" waren so beschränkt und so glücklich wie Kinder

Die Abreise aus dem „lieben, vertraulichen Ort" war für W. ein tiefer Einschnitt

Einige Orte, an die ihn Erinnerungen binden, beschreibt er genauer. Er schildert aber vor allem, wie er sich schon als Knabe gern seinen Empfindungen hingab. Auffallend ist, daß er sein Elternhaus zwar erwähnt, daß dieses aber keinerlei Erinnerung und Emotion in ihm weckt. Auch die Mutter wird nur am Rande erwähnt. Zu ihr hat er allem Anschein nach noch nie ein wärmeres Verhältnis gehabt.

W. hatte nie ein warmes Verhältnis zu seiner Mutter

Das bestätigte zuletzt der Brief vom 24. 3. 1772. Auch die Tatsache, daß er mit der Mutter nur über den Freund verkehrt, weist in diese Richtung. Er hat sogar gefürchtet, daß sie seinen Abschied vom Hof durch ihre Beziehungen hintertreiben könnte. Er hat keine Bindung an die Mutter, die ihm später den Entschluß zum Selbstmord erschweren könnte. Dieser Sachverhalt ist, wie erwähnt, auch eine Erklärung dafür, daß er in Lotte sowohl die Mutter wie die Geliebte sucht und daß ihm Lottes Familie einschließlich der verstorbenen Mutter so bedeutsam ist.

Mit seinem Besuch in der Heimatstadt hat W. mit seiner Kindheit abgeschlossen. Die letzten Fäden zur Welt zerreißt er, als er schließlich den Fürsten verläßt.

9. 5., 25. 5., 11. 6.

Der Aufenthalt Werthers beim Fürsten

Das Muster, nach dem Werthers Begegnungen mit der Welt ablaufen

Werthers letzte Station, bevor er zu Lotte zurückkehrt, ist das Jagdschloß des Fürsten. Der Ablauf der Ereignisse läßt noch einmal das Muster erkennen, nach dem alle Begegnungen Werthers mit der Außenwelt ablaufen.

Das großzügige Angebot des Fürsten

Zunächst: Die Mitteilung vom 24. 3., in der W. dem Freund den nächsten Aufenthaltsort mitteilt, zeigt, wie verwöhnt W. ist. Das großzügige Angebot des Fürsten entlockt ihm weder Erstaunen noch Dankbarkeit. Seine Reaktion darauf klingt eher gönnerhaft, gnädig gewährend, so als sei er der Gebende, der sich zu diesem Schritt entschließt, obwohl er sich mit dem Fürsten in einem „gewissen Punkt" nicht versteht, obwohl also nicht alle seine inneren Erwartungen erfüllt sind.

25. 5.

W. nimmt an, obwohl er gewisse Bedenken hat

Er nimmt an, weil er hoffen darf, beim Fürsten ganz nach seinen eigenen Bedürfnissen leben zu können, aber auch deshalb, weil er plant, mit Hilfe des Fürsten „in den Krieg" geschickt zu werden. Wer den von ihm in Aussicht genommenen Krieg führt und warum, das beschäftigt ihn nicht. Das ist auch nur konsequent. Denn Gesellschaft und Politik interessieren W. ja nur in bezug auf die eigene Person. Die „Grille", die das Ausmaß seiner Ratlosigkeit zeigt, kann ihm vom Fürsten deshalb auch leicht ausgeredet werden. W. bleibt also bei ihm.

11. 6.

Der gewisse Punkt wird entscheidend:

Am 11. 6. ist aber bereits von Aufbruch die Rede. W. spricht den Grund aus: Er habe keine Ursache, sich über den Fürsten und die Behandlung durch ihn zu beklagen, im Gegenteil, aber er sei nicht in seiner „Lage". Der erwähnte gewisse Punkt läßt W. nicht ruhen.

Die Umwelt bestätigt Werthers Innenwelt nicht. Der Fürst ist eingeschränkt durch Wissenschaft

Der Fürst erweist sich letztlich als jemand, der zwar in der Kunst „fühlt", aber doch „durch das garstige wissenschaftliche Wesen [...] eingeschränkt" ist. Und das kann W., wie der Leser weiß, nicht ertragen. Werthers Verhältnis zur Umwelt dient also auch hier nicht dem Zweck, persönliche Einstellungen und Bewertungen zu verändern und sich weiterzuentwickeln, sondern die Umwelt ist nur dazu da, die eigene Innenwelt zu bestätigen.

W. entwickelt sich nicht an der Umwelt

W. ist tyrannisch wie ein Kind in der Art und Weise, mit der er erwartet, die Umwelt den eigenen Bedürfnissen unterwerfen zu können. Seine Isolation ist selbstverschuldet.

Er versucht, sie seinen Bedürfnissen anzupassen

Die Punkte allerdings, an denen er sich reibt, die Forderungen, die er erhebt, sind nicht Ausdruck persönlicher Willkür, sondern sie betreffen grundlegende Bedürfnisse der menschlichen Existenz im Zusammenhang mit wichtigen Strömungen und Entwicklungen der Zeit. Dadurch wird seine Einseitigkeit wieder relativiert.

16. 6., 18. 6.

W. ist jetzt nur noch ein „Wanderer, ein Waller auf der Erde!"

29. 7.– 6. 12. 1772

In der Zeitspanne vom 29. 7. bis zum 6. 12. 1772 protokolliert W. seinen Weg in die völlige

Werthers Weg in die Ausweglosigkeit

Isolierung und Ausweglosigkeit. Am 4. 9. heißt es: „Wie die Natur sich zum Herbste neigt, wird es Herbst in mir und um mich her. Meine Blätter werden gelb, und schon sind die Blätter der benachbarten Bäume abgefallen." Der Wechsel der Jahreszeiten ist Naturgeschehen, es läßt sich nicht aufhalten. W. identifiziert sich in der Formulierung „Meine Blätter" mit dem Prozeß des Absterbens der Natur. Er nimmt sich das Leben zur dunkelsten Zeit des Jahres.

Die Themen in den Briefen aus diesem Zeitraum entsprechen dieser Gestimmtheit. Man kann sie unter vier Aspekten gruppieren:

1. Werthers Liebe zu Lotte verschlingt jeden Bezug zur Welt.
2. Diese erscheint nur noch von ihrer dunklen Seite:

2.1 Die Frau unter der Linde
2.2 Der Bauernbursche
2.3 Die Nußbäume beim Pfarrer von St.
2.4 Der irre Blumenpflücker

3. Ossian hat den Homer verdrängt
4. W. reflektiert seinen ausweglosen Zustand, die Veränderung der eigenen Person, seinen Bezug zu Gott und der Welt.

14 Niederschriften, Briefe u. Tagebuchblätter 29. 7., 21. 8., 3. 9., 12. 9., 10. 10., 19. 10., 27. 10., 30. 10., 8. 11., 21. 11., 22. 11., 24. 11., 4. 12., 6. 12.

zu 1) Die Niederschriften, in denen W. über Lott, Albert und seine Leidenschaft berichtet, machen den größten Teil der Briefe und Tagebuchblätter aus diesem Zeitraum aus. Sie sind unregelmäßig über ihn verstreut, häufen sich aber zum Schluß hin. Es ist nicht immer eindeutig zu erkennen, ob die Niederschrift Brief oder Tagebuchnotiz ist.

29. 7.

Zu Anfang wird Albert noch einige Male genannt. Danach geht es nur noch um Lotte und Werthers Leidenschaft zu ihr. W. betrachtet A. in seiner neuen Rolle als Ehemann und erleidet Qualen dabei, weil ihm selbst diese Rolle verwehrt ist und weil er glaubt, daß Lotte mit ihm glücklicher geworden wäre. Albert erscheint in Werthers Zeichnung zunehmend negativ. Er ist jemand, der nicht beglückt genug ist, der Lotte zwar „von ganzer Seele", aber doch nicht heiß genug liebt. W. spricht von einem „Mangel an Fühlbarkeit". Diesen stellt er vor allem in bezug auf Situationen fest, wo Lotte und er, W., „sympathetisch" übereinstimmen. Es handelt sich dabei z. B. um Reaktionen auf Bücher und um die wortlose Übereinstimmung in Empfindungen.

W. hat Mordgedanken

20. 8.

Werthers Unterbewußtsein treibt schließlich Todes- und Mordgedanken hervor.

Zuerst drängt sich ihm die Vorstellung auf, was geschähe, wenn Albert stürbe. Er fühlt sich dadurch an Abgründe geführt, vor denen er zurückschreckt. Aber obwohl die Leidenschaft zu Lotte jetzt sein einziger Lebensinhalt geworden ist und sich manche Gelegenheit zur Zweisamkeit bietet, bleibt Werthers Selbstzwang stark genug, so daß er dem leidenschaftlichen Begehren widerstehen kann. Erst ganz zum Schluß, bei der letzten Begegung, bricht der Damm, und es kommt zur Umarmung und zu Küssen. Die Gelegenheiten, bei denen W. und Lotte alleine sind, empfindet W. zunehmend als qualvoll. Lottes Liebenswürdigkeit, ihre Sorge um ihn, ihre Güte, ihre Musikalität peinigen ihn. Aber auch die Ambivalenz ihrer Haltung stellt ihn auf eine harte Probe. Sie gewährt ihm Vertraulichkeiten (16. 7. 1771). Die Szene mit dem Kanarienvogel zeigt eine Lotte, die kokett mit W. spielt, indem sie den Vogel von ihren Lippen zu seinen schickt. Es ist die einzige Stelle dieser Art im ganzen Roman. W. empfindet die Erotik dieser Szene als unerträglich, zieht aber keine Konsequenzen daraus. Daß Lotte, obwohl sie Albert uneingeschränkt zugetan ist, auch gefährdet ist, wird an dieser Stelle

12. 9., 8. 11., 21. 11., 4. 12.

Lottes Haltung ist ambivalent

12. 9.

klar. Die letzte Begegnung mit W. und ihr Zusammenbruch nach seinem Tod bestätigen es.

19.10 W. fühlt nun zunehmend eine „entsetzliche Lücke" in seiner Brust und glaubt, daß sie nur noch durch Lotte gefüllt werden könne. Das Gefühl für sie belebt aber nicht mehr, es tötet alles andere. Zum Schluß erträgt W. nicht einmal mehr die Musik, die ihn sonst tröstete und erheiterte. Am 6.12. ist dieser Prozeß der

4.12. zunehmenden Ablösung von der Welt und

6.12 der Verengung auf Lotte so weit gediehen, daß Werthers Vorstellungskraft nichts anderes mehr wahrnimmt. Ausdruck dieses Zustandes ist seine Beschreibung ihrer „schwarzen Augen". Er verbindet sie mit den Begriffen „Meer" und „Abgrund". Sie verfolgen ihn. Am 21.11. hat er ihren Blick als „Gift" bezeichnet.

Hoffnung – Enttäuschung als Lebensgesetz

zu 2) W. spricht am 4.8. davon, daß nicht nur er, sondern daß alle Menschen in ihren Hoffnungen getäuscht und in ihren Erwartungen betrogen werden. Es klingt, als betrachte er diesen schicksalhaften Prozeß wie einen Trost. Er erlaubt ihm, sein Augenmerk auf andere Schicksale zu lenken und gleichzeitig entlastet und engagiert zu sein. Unter diesem Blickwinkel erlebt er die Wiederbegegnung mit einigen Menschen und Orten, die im vergangenen Jahr Quellen des Glückes für ihn waren.

Die Idylle von Wahlheim ist zerstört

4.8.

2.1 Die Frau unter der Linde in Wahlheim mit ihren Knaben, der Bauernbursche und die ländliche Idylle beim Pfarrer von St. hatten W. allein durch ihre Existenz die Versicherung gegeben, daß Glück in der Einschränkung möglich sei. Als er jetzt wieder nach Wahlheim kommt, ist der jüngste Sohn der Frau gestorben, und ihr Mann ist ohne die erwartete Erbschaft aus der Schweiz zurückge-

W. hat keinen Trost für die Frau unter der Linde

4.9.

kehrt. W. hat kein Wort des Trostes für sie. Er „konnte ihr nichts sagen", heißt es lakonisch.

2.2 Wenig später erlebt W. diese Wendung der Dinge erneut an der Geschichte des Bauernburschen.

Dessen Scheitern bezieht er auf sich selbst. Der Bauernbursche hatte, getrieben von seiner Leidenschaft und ermutigt durch „kleine Vertraulichkeiten" der Witwe, bei der er in Diensten stand, versucht, sich ihrer mit Gewalt zu bemächtigen, war aber durch ihren Bruder daran gehindert worden. Es war so viel Lärm um die Sache gemacht worden, daß die Witwe ihn nicht hätte behalten können, auch wenn sie gewollt hätte. Inzwischen hatte sie einen neuen Knecht, und es ging die Rede, daß sie diesen auch gegen den Willen des Bruders heiraten werde. Der Bauernbursche hat W. versichert, „er sei fest entschlossen, das nicht zu erleben". Die Episode ist also mit diesen Ereignissen nicht beendet, ihr Ausgang bleibt in der Schwebe.

W. rühmt die Naturgewalt der Leidenschaft

Es sind zwei Aspekte der Geschichte des Bauernburschen, mit denen sich W. identifiziert. Einmal ist es der unglückliche Verlauf dieser Geschichte einer Leidenschaft, zum andern die Naturgewalt, mit der Liebe, Treue, Leidenschaft sich darin äußern. Der Bauernbursche lebt aus, was W. ausleben möchte, sich aber unter dem Zwang der kulturellen Normen versagt. W. betrachtet seine Zurückhaltung als Ausdruck des Gebildetseins, das er aber gegenüber der Direktheit und Ungebrochenheit des Bauernburschen abwertet. Er empfindet es als Verbildetsein.

Die Gebildeten sind die Verbildeten

15.9.

Auch die Idylle beim Pfarrer von St. ist zer-

2.3 Die ländliche Idylle beim Pfarrer von St. ist dadurch beendet worden, daß eine neue Pfarrerin eingezogen ist, die die schönen Nußbäume abhauen ließ. Da diese Frau au-

stört

ßerdem den Ehrgeiz hat, gelehrt zu sein und an der historischen Bibelkritik, wie sie damals aufkam, mitzuarbeiten, – die Autoren, die genannt werden, stehen für diese Richtung – ist sie für W. der Inbegriff alles dessen, was er verachtet. Sie hat keine Natur, statt dessen pflegt sie die tote rationalistische Wissenschaft. Außerdem zeigt sie, daß sie mit „Lavaters Schwärmereien" nichts anfangen kann und hat damit bei W. verloren. Lavater gehörte zu den Empfindsamen, den Stürmern und Drängern, den Genieverehrern. Er trat damals für ein Christentum ein, das durch Gefühlserlebnisse geprägt sein sollte und das damit ganz unhistorisch war. Goethe stand eine Zeitlang unter seinem Einfluß, distanzierte sich aber später von ihm.

Lavater (1741–1801) als Vertreter der Gefühlskultur

30.11.
Der irre Blumenpfücker im Winter

2.4 Die Episode um den ehemaligen Schreiber von Lottes Vater hat keine Vorgeschichte im ersten Buch. Dennoch steht sie nicht unvermittelt an dieser Stelle des Romans. W. hat im Mai 1771 (22. 5.), noch vor der Bekanntschaft mit Lotte, darüber reflektiert, was Glück sein könne angesichts der Eingeschränktheit der menschlichen Existenz. Er hat zwei Möglichkeiten gefunden. Eine davon ist Glück als Täuschung. An anderer Stelle spricht W. von dem „freundlichen Wahn" (6. 7. 1771), durch den Gott uns, wenn er uns darin „so hintaumeln läßt", am glücklichsten mache. Die zweite Möglichkeit, Glück zu erfahren, besteht nach W. darin, sich ins eigene Innere zu wenden und „seine Welt aus sich selbst" (22. 5. 1771) zu bilden. Beide Wege haben sich für ihn als nicht gangbar erwiesen. Aber der erste gewinnt jetzt für ihn neue Bedeutung.

Der Zustand des Wahnes als Glück

Der Schreiber ist glücklich gewesen im Zustand des Wahnes. Er wünscht sich diesen Zustand, der objektiv grauenhaft war, zurück.

Wahn ist objektiv grauenhaft, subjektiv hat er Heilkraft

Für ihn hat er so etwas wie Heilkraft von den Leiden gehabt, mit denen er im gesunden Zustand nicht fertig geworden ist. W. reflektiert im Anschluß an die Begegnung über das Schicksal der Menschen, die nicht eher glücklich seien, als „ehe sie zu ihrem Verstande kommen und wenn sie ihn wieder verlieren".

W. beneidet den irren Schreiber um die Verwirrung seiner Sinne, aber dieser Ausweg ist ihm versperrt

Der therapeutische Wert des Wahnes erscheint ihm so begehrenswert, daß er den Schreiber Heinrich um „die Verwirrung" seiner Sinne beneidet. Aber dieser Ausweg ist ihm verwehrt, obwohl er verschiedentlich dem Delirium nahe ist (24.11., und 6.12. 1772). Und dann bringt er „Wahn" in Zusammenhang mit Vertrauen auf Gott. Er will nicht gelten lassen, daß dieses als „Wahn" bezeichnet wird, da es letztlich das Vertrauen auf die „Heil- und Linderungskraft" der Natur sei, und die habe Gott in sie gelegt.

W. ruft Gott als den Vater an

W. ruft hier zum ersten Mal Gott Vater an, spricht von der Rückkehr des verlorenen Sohnes und davon, daß er „die Wanderschaft abbreche". Im Abschiedsbrief (vgl. Herausgeberbericht Ausgabe dtv S. 117) nimmt er die Anrufung des Vaters wieder auf und steigert sich in den glückhaften „Wahn", der Tod führe ihn zum Vater und zur Vereinigung mit Lotte „in ewigen Umarmungen".

12.10.

zu 3) Ossian verdrängt den Homer.

Ossian wird zum ersten Mal im Brief vom 10. 7. 1771 erwähnt. Die Texte, die man damals mit dem Namen Ossian verband, sind für W. so lebendig wie die des Homer. Das macht der Zusammenhang deutlich, in dem W. den Namen hier nennt. Er wehrt sich nämlich dagegen, das Wort „gefallen" zu gebrauchen, wenn es um sein Gefühl für Lotte geht. Wie abwegig dieses Wort sei, wird aus dem Ausruf erkennbar: „Neulich fragte mich einer, wie mir

Die Texte des sogenannten Ossian hatten die Gebildeten aufgewühlt

Ossian gefiele!" Er setzt also voraus, daß Ossian bekannt ist und daß die Lektüre seiner Schriften Reaktionen hervorgerufen hat, die weit über jede Art von „Gefallen" hinausgehen. Während ihn im ersten Buch die farbenprächtige Welt des Homer erfüllt, ergreift ihn jetzt, da er sich von der Welt abgewandt hat, die Toten-und Schattenwelt des Ossian.

Die Fälschungen stammen von James Macpherson (1736–1796)

Man glaubte damals, daß ein Sänger – Dichter Ossian der Verfasser von Heldenliedern irischer und schottischer Herkunft sei, die nicht nur in England, sondern auch auf dem Kontinent ein großes Echo ausgelöst hatten. Erst viel später (1829) erkannte man, daß diese Lieder Fälschungen waren. Sie wurden

Sie sind zwischen 1761–65 entstanden

in Schottland zwischen 1761–65 von dem dichterisch begabten jungen Hauslehrer James Macpherson verfaßt. Er bediente sich alter Sagen-Motive und gab seine Dichtun-

Ihre Grundlagen sind alte Sagen-Motive

gen als Übersetzungen aus dem Gälischen aus. Die Zeitgenossen glaubten ihm und sahen in den Gesängen große alte Dichtung. Die Wirkung der Lieder lag aber gerade darin

Ihr Stil entspricht dem neuen Kunstwollen. Er ist lyrisch-gefühlvoll

begründet, daß sie keine Originaltexte waren, sondern Produkte der Zeit, geschrieben in einem lyrisch-rhythmischen Stil, der der schwärmerischen, gefühlvollen Grundstimmung vieler Gebildeter und dem neuen Kunstwollen entsprach. Goethe hatte selbst

Ihre Inhalte sind verstorbene Helden, die früh und tragisch dahingerafft wurden

einige dieser Gesänge übersetzt. Während die Welt Homers licht und klar, gegenständlich und daher anschaulich ist, ist die Welt Ossians tragisch – düster und befindet sich in grauer, windiger, nebliger Landschaft im Angesicht von Felsen und Heide. Hier sind Tote, die beklagt werden, die Hauptfiguren. Sie gewinnen keine Kontur, sondern bleiben schattenhaft.

Auf dem Weg zum Selbst-

zu 4) Werthers Reflexionen aus diesem Zeitraum machen anschaulich, daß alle Erleb-

mord.

nisse und Begegnungen, die er hat, seinen Entschluß zum Selbstmord vorantreiben.

26. 10.

Er reflektiert über die Lücke, die der Tod eines Menschen reißt, und kommt zum Ergebnis, „daß an dem Dasein eines Geschöpfes wenig gelegen ist, ganz wenig." Das schmerzt und beruhigt ihn zugleich.

3. 11.

Wenig später bezeichnet er sein Herz als tot und findet die „Quelle alles Elendes" in sich selbst verborgen. Er erlebt die Natur, die ihn früher unendlich beglückt hat, jetzt nur noch „wie ein lackiertes Bildchen" und vergleicht sich mit einem versiegten Brunnen. Die Empfindung für Lotte verschlingt ihm alles, und ohne sie wird ihm „alles zu Nichts". Er antwor-

27. 10.
15. 11.

tet auf einen anscheinend sorgenvollen Brief des Freundes, der ihm wohl geraten hat, seinen Trost in der Religion zu suchen. W. kann, was seine religiöse Sehnsucht ausmacht, nur in den Worten der Bibel sagen, in denen er Religion kennengelernt hat. Aber er entnimmt dem Kirchenglauben keine „Erquikkung" und wehrt Wilhelms Ansinnen deshalb ab. Sein Umgang mit den Glaubensinhalten ist höchst subjektiv. Dafür einige Beispiele. Bei seiner Anrufung Gottes umgeht er die Mittlerschaft Christi und bezieht sich immer (Herausgeberbericht Ausgabe dtv S. 117) nur auf den Vater. Die Worte Jesu am Kreuz profaniert er, indem er sie auf die eigene Person bezieht. Auch indem er das Wort vom bitteren „Kelch", den es zu trinken gilt, auf sich bezieht, stellt er eine Beziehung zur Passion Christi her. Nur die sakralen Bilder bieten ihm noch die Möglichkeit, das Ausmaß seines Leidens anzudeuten.

W. entnimmt der Religion keine „Erquickung"

Er profaniert christliche Glaubensinhalte

6. 12.

W. gebrauchte zu Beginn des Romans mehrfach das Wort „Einschränkung", um sein Leiden an der eigenen Person und am Zustand der Welt auszudrücken. Hier kehrt es dem

Sinne nach wieder. Der Mensch, „der gepriesene Halbgott", vermag weder in der Freude noch im Leid in der „Fülle des Unendlichen" zu versinken. Er wird aufgehalten auf dem Weg in die Ganzheit und „zu dem stumpfen, kalten Bewußtsein", nämlich zum eingeschränkten Zustand seiner Existenz, „zurückgebracht".

Der Herausgeber an den Leser

Herausgeberbericht enthält 4 Briefe: 12.12., 14.12., 20.12., 21./22.12. und einige Zettelchen

Wechsel der Perspektive durch Wechsel von Bericht und Briefdokument

Herausgeber ist nicht beteiligt am Geschehen

Er will allen gerecht werden

Der Herausgeber tritt vom 6.12. an die Stelle Werthers. Er bedauert es, daß nicht genügend „eigenhändige Zeugnisse" Werthers vorhanden seien, so daß er genötigt sei, die Briefe durch Erzählung zu ergänzen. Er legitimiert damit Werthers Briefe als Quellen und ebenso sein eigenes Bemühen um Objektivität.

Der Wechsel der Perspektive, der sich daraus ergibt, daß der Herausgeber die Briefe und Zettelchen, die aus dem fraglichen Zeitraum vorliegen, chronologisch in seinen Bericht einschaltet, führt dazu, daß das Geschehen aus verschiedenen Blickwinkeln dargestellt erscheint. Der Herausgeber schreibt aus der Perspektive einer Person, die nicht beteiligt ist am Geschehen, die es aber ganz übersieht und den Standpunkten aller Beteiligter gerecht werden will. Dabei ergeben sich verschiedene Korrekturen und Ergänzungen, die vor allem Werthers Bild von Albert betreffen. Auch über Lottes Verfassung und ihr Verhalten wird der Leser genauer unterrichtet. Die Kenntnis der Vorgänge, die der Herausgeber nachweist, beruht auf der Tatsache, daß er „genaue Nachrichten aus dem Munde derer" gesammelt hat, „die von seiner (Werthers) Geschichte wohl unterrichtet sein konnten". Es bleibt nach Werthers Tod nichts nachzutragen, so daß der knappe Abschlußbericht des Herausgebers genügt.

Der Mord des Bauernburschen am Knecht der Witwe

Der Bericht des Herausgebers über die Ereignisse beginnt mit Werthers Gang zum Jagdhaus, wo Lottes Vater lebt, und mit dem Mord an dem neuen Knecht der Witwe durch den Bauernburschen.

Werthers innerer Zustand

Bevor der Herausgeber zur Schilderung der Ereignisse übergeht, gibt er eine zusammenfassende Übersicht über Werthers inneren Zustand. Er berücksichtigt dabei besonders das Verhältnis Werthers zu Albert, da er der Meinung ist, daß W. diesem nicht gerecht wird. Er beruft sich dabei auf Freunde Alberts, die dessen Verhalten Lotte und W. gegenüber als unverändert einstufen und ihm recht geben, wenn er um den Ruf seiner Frau besorgt ist, und die Verständnis für sein Verhalten W. gegenüber haben. Albert verläßt nämlich oft Lottes Zimmer, wenn W. bei ihr ist. W. sieht in diesem Verhalten Abneigung und Haß, die Freunde sehen darin Takt dem Freunde Lottes gegenüber. Der Leser wird die Wahrheit in der Mitte zwischen beiden Positionen suchen.

Die Schilderung der Ereignisse um den Mord in Wahlheim bestätigt, daß W. das Schicksal des Bauernburschen wie das eigene betrachtet. „Du bist nicht zu retten, Unglücklicher! Ich sehe wohl, daß wir nicht zu retten sind." sagt er.

Werthers Meinung: Der Verbrecher aus Leidenschaft ist schuldlos

In seinen Augen ist der Bauernbursche schuldlos, weil er seiner Natur gefolgt ist und aus Leidenschaft gehandelt hat. So ist es nur konsequent, daß ihn „eine unsägliche Begierde" ergreift, „den Menschen zu retten". Er kämpft gleichsam um sein eigenes Leben. Seine Lethargie fällt von ihm, und er versucht, den Amtmann davon abzubringen, den Bauernburschen dem Gesetz auszuliefern. Aber er scheitert an der festen Haltung des Amtmanns, der den Meuchelmörder dem Gesetz ausliefern will, weil sonst „alle Sicherheit des Staats zugrund gerichtet" werde. Daß der Amtmann in dem, was er tut, seiner Überzeugung folgt und nicht gefühllos den Prinzipien einer Rechtsordnung, erfährt W. zwar nicht mehr zu Lebzeiten, aber daß er den Amtmann so einschätzt, zeigt sein Wunsch, dieser möge seine Leiche „schützen" und dafür sorgen, daß sie auf dem Friedhof bestattet werde. (Ausgabe dtv, S. 122) Er hat sich nicht in Lottes Vater getäuscht. Dieser setzt wenig später seine Autorität dafür ein, daß der Selbstmörder an der Stelle begraben wird, die er sich ausgesucht hat. Jetzt aber ist er einer Meinung mit Albert und handelt dementsprechend. W. erkennt zwar, „daß beide Männer recht haben möchten", aber sein Verstand reguliert seine Emotionen nicht mehr, und die wenden sich jetzt gegen Albert. Er kann „nicht gerecht" gegen ihn sein. Er braucht die Gegnerschaft gegen A., um seiner eigenen Position sicher zu sein.

Albert spricht mit Lotte über das Dreiecksverhältnis

Da Albert zum Jagdhaus gekommen ist, wird Lotte von ihm und nicht von W. nach Hause begleitet. Auf diesem Weg, den die beiden zu Fuß zurücklegen, kommt es zwischen ihnen zum ersten und einzigen Gespräch über das Dreiecksverhältnis.

Albert wünscht W. zu entfernen. Er klagt Lotte nicht an. Er wird W. auch insofern gerecht, als er dessen Verhalten richtig einstuft, nämlich als eine „unglückliche Leidenschaft", und ihm keine Vorwürfe deswegen macht. Aber er fürchtet das Gerede der Leute. Der Leser weiß, daß Albert die gesellschaftlichen Bedingungen akzeptiert, unter denen er lebt, und daß er darauf Rücksicht nimmt. Lotte antwortet nicht. Sie hat sich unterwegs einige

Male umgesehen, so als vermisse sie Werthers Begleitung. Ihr Schweigen ist ungewöhnlich. Sie kann Albert weder zustimmen noch ihm widersprechen. Noch will sie W. „für sich behalten", wie es an anderer Stelle heißt (Ausgabe dtv S. 107), noch hat sie sich nicht zu einer Trennung entschlossen. Ihr Schweigen führt eine Störung der selbstverständlichen Offenheit und des freien Einvernehmens mit Albert herbei.

Die Kommunikation zwischen Lotte und Albert ist gestört

Dieser stellt sich sofort auf ihre Stimmungslage ein und vermeidet von jetzt an das Thema. Die unterbrochene Kommunikation zwischen den beiden ist ein wichtiges Element für den Ablauf der Katastrophe.

Briefe vom 12. 12., 14. 12., 20. 12.

Die drei Briefe, die der Herausgeber an dieser Stelle einschaltet und kommentiert, dokumentieren Werthers Weg zum festen Entschluß, sich das Leben zu nehmen. Die beiden ersten beschäftigen sich mit dem Thema der Natur als Gewalt. Gemeint ist sowohl die äußere Naturkraft als auch die verdrängte Natur des Inneren. Der dritte ist ein zweideutiger Abschiedsbrief an Wilhelm. W. schreibt ihn, nachdem der Entschluß zum Selbstmord in ihm „fest und unwiderruflich" geworden ist.

Natur als zerstörerische Kraft

12. 12. Die Überschwemmung hat die Gegend um Wahlheim zerstört

zu 1) Der Fluß ist über die Ufer getreten und hat die Gegend um das Jagdhaus und Wahlheim überschwemmt, die ehemals Werthers Entzücken war. Die Nachricht von der Überschwemmung treibt W. hinaus. Das fürchterliche Schauspiel, das sich ihm bietet, entspricht der aufgewühlten Stimmung seines Inneren, so wie zu Anfang die Heiterkeit des Frühlingsmorgens ihr entsprach. Der Anblick der Zerstörung ruft gleichzeitig „Schauer" und „Sehnen" in W. hervor. Es zieht ihn, sich hinabzustürzen in die Fluten und seine Qualen darin zu beenden. Aber er tut es nicht, obwohl er „Mut zu sterben" hat. Ein Rest glücklicher Erinnerung überfällt ihn und hält ihn zurück.

14. 12.
Werthers verdrängte sexuellen Wünsche überwältigen ihn im Traum

zu 2) W. hat auf seine sexuellen Wünsche mit Schuldgefühlen reagiert und sie verdrängt. Jetzt überwältigen ihn diese verdrängten Wünsche in seinen Träumen, das Unterbewußtsein rächt die verdrängte Natur. Sie wird zur zerstörenden Kraft. W. erschrickt vor sich selbst und schreibt die Kräfte, die er nicht mehr steuern kann, „fremden Mächten" zu.

W. fürchtet den Verlust seiner „Besinnungskraft" und entschließt sich zum Selbstmord.

Die Gefahr des Verlustes seiner „Besinnungskraft" treibt ihn zum Selbstmord-Entschluß. Er will weder ins Verbrechen noch in den Irrsinn getrieben werden. W. ist nicht geisteskrank, fühlt sich aber an einer Grenze, die die Verfügung über die eigene Person in Frage stellt. Daß er dieser Gefahr ausweichen kann, unterscheidet ihn vom Schreiber Heinrich. Die Flucht in den Rausch der Wiedervereinigung mit dem Vater, Lottes Mutter und dieser selbst (Ausgabe dtv S. 117) ermöglicht es W. zum Schluß, sich die Pistole an die Stirn zu setzen und in der Vernichtung Befreiung und Verklärung zu erfahren. Auch dieser Rausch hat nichts mit Geisteskrankheit zu tun.

Er ist die Umkehrung von Werthers Verzweiflung, die sich „nahe am Grabe" in der Hoffnung, ja Gewißheit, lichtet, daß der Vater ihn trösten werde.

W. plant den Selbstmord bewußt

Mit dem Augenblick, wo er sich zum Selbstmord entschlossen hat, kehrt seine „Besinnungskraft" so weit zurück, daß er die Umstände seines Todes und seines Begräbnisses – er bestimmt sogar, daß er in dem erinnerungsreichen blau-gelben Frack beerdigt werden will – planen und diesen Plan konsequent durchführen kann.

Die Briefe, in denen die erotische Seite von Werthers Leidenschaft zum Ausdruck kommt, sind so über den Roman verteilt, daß der Leser deren Vorhandensein durchgehend empfindet. In keinem der früheren Briefe aber drückt W. seine Wünsche so offen aus wie in diesem Brief vom 14. 12. Die Spannung, die beim Leser geweckt wird, löst sich angesichts des Ausbruchs der Leidenschaft, wie er in der letzten Szene zwischen W. und Lotte vom 21. 12. durch den Herausgeber geschildert wird.

20. 12.

zu 3) Der letzte Brief an Wilhelm ist zweideutig, weil W. scheinbar auf Wilhelms Anregung eingeht, die Stadt zu verlassen und sich von Wilhelm zwar nicht sofort, aber in 14 Tagen abholen zu lassen. Der Leser, der durch die letzten Briefe Werthers, den Kommentar des Herausgebers und das letzte „Zettelchen" über Werthers Entschluß unterrichtet ist, weiß, daß W. Zeit gewinnen will.

Nähe und Abstand zwischen den Freunden

In diesem letzten Brief Werthers an Wilhelm werden Nähe und Abstand, die die Beziehung zwischen beiden kennzeichnen, noch einmal deutlich.

Wie der Leser aus Werthers Reaktionen auf Wilhelms Briefe entnehmen kann, verfolgt dieser den Weg seines Freundes mit gleichbleibender Anteilnahme, mit Rat und Tat, mit Sorge und Zuspruch. Er ist ein Vertreter der bürgerlichen Welt, aber aufgeschlossen für Erfahrungen, die darüber hinausgehen. Sonst könnte er nicht mit W. befreundet sein. Er kennt W. offensichtlich seit langem und ist eingeweiht sowohl in dessen familiäre Angelegenheiten wie auch in seine persönlichen Erfahrungen. Er kennt auch Werthers Wesen sehr genau und beobachtet dessen exzentrische Reaktionen mit Sorge. Von Anfang an versucht er, Werthers Gefühlsüberschwang zu dämpfen und in eine gemäßigte Richtung zu lenken. W. reagiert immer dann abweisend und widerwillig auf den Freund, wenn dieser ihm z. B. dazu rät, wieder eine Arbeit aufzunehmen oder um Lotte zu kämpfen (20. 7. 1771 und 8. 8. 1771), wenn er ihn also dazu bewegen will, auf den Boden der geordneten bürgerlichen Lebensweise zurückzukehren. W. geht auf seine Ratschläge ein, wenn sie seinem Gemütszustand entsprechen, wie z. B. am 3. 9. 1771, wo er sich dafür bedankt, daß Wilhelm seinen wankenden Entschluß „bestimmt" habe.

W. ist nicht lenkbar

Lenkbar ist W. nicht. Aber die Bindung zwischen den beiden ist doch so festgefügt, daß W. das Schreiben nicht aufgibt und der Freund es nicht unterläßt, ihm regelmäßig zu antworten. Er bleibt Werthers Vertrauensperson bis zum Schluß. Im letzten Brief ist ja davon die Rede, daß er W. sogar abholen und auf dem Weg nach Hause begleiten solle. Seine Anteilnahme läßt also nicht nach. Aus dem Datum des letzten Briefes geht hervor, daß Wilhelm keine Gelegenheit mehr hatte, auf Werthers Schicksal Einfluß zu nehmen. Seine Person und die Welt, die er vertritt, wirken durch den ganzen Roman wie eine Folie, von der Werthers Persönlichkeit und sein eigenwilliger Weg sich scharf abheben.

Wilhelm bleibt Werthers Vertrauensperson

Werthers Selbstmord um die Mitternacht des 22./23. 12.

W. erschießt sich um die Mitternacht des 22./23. 12. 1772. Der Herausgeber berichtet über die letzten beiden Tage. Lotte rückt jetzt in den Mittelpunkt des Geschehens. Es ist ein wichtiges Merkmal des Romans, daß er mit Widersprüchlichkeiten arbeitet, die nicht aufgelöst werden. Sie werden deutlich an der Zuordnung der Personen zueinander und an ihren Handlungen, Gedanken und Empfindungen. In W. sammeln und spiegeln sich zugleich die Widersprüche, die seine Umwelt produziert, und werden die offenbar, die er selbst hervorbringt. Alle zusammen stellen

Der Roman zeigt Widersprüchlichkeiten auf, ohne sie zu lösen

„eine ganze Litanei von Antithesen" dar (Ausgabe dtv S. 87). In Lotte, so kann der Leser zeitweilig denken, seien die Widersprüche zu schöner Einheit aufgelöst. Die Sicherheit und Ausgeglichenheit ihrer Person ist für jeden, der ihr begegnet, eine Wohltat, und es ist gut zu verstehen, daß zwei so unterschiedliche Männer wie Albert und W. sich von ihr angezogen fühlen. Aber es zeigt sich, daß gerade der Reichtum und die Vielseitigkeit ihrer Natur den Widerspruch hervorbringen, der auch sie zu zerreißen droht und letztlich dazu führt, daß sie am Tode Werthers mitschuldig wird, indem sie seinem Diener die Pistolen widerspruchslos aushändigt.

Der Reichtum und die Vielseitigkeit von Lottes Natur bringen den Widerspruch hervor, der sie zu zerreißen droht

Der Herausgeber berichtet über die beiden letzten Treffen zwischen Lotte und W., über ihre Gemütsverfassung und die Auswirkungen ihrer Zerrissenheit auf ihr Verhältnis zu Albert (Ausgabe dtv S. 101 – 115).

Bericht über die beiden letzten Begegnungen zw. Lotte und W.

Lotte hat zu diesem Zeitpunkt eingesehen, daß sie sich von W. trennen muß, und sie will Ernst mit diesem Vorsatz machen, um Albert zu beweisen, daß „ihre Gesinnungen der seinigen wert seien" (Ausgabe dtv. S. 101). So bringt sie es am 20. 12. fertig, W. bei seinem Besuch darum zu bitten, erst am Weihnachtsabend wiederzukommen. Sie spricht auch eine Erkenntnis aus, die deutlich macht, daß sie Werthers Wesen und seine Leidenschaft für ihre Person richtig einordnet. Sie sagt: „Ich fürchte, ich fürchte, es ist nur die Unmöglichkeit, mich zu besitzen, die Ihnen diesen Wunsch so reizend macht" (Ausgabe dtv S. 102/103). Ihre Strategie läuft darauf hinaus, Zeit zu gewinnen. Es ist ihr ausgesprochener Wunsch, Werthers Leidenschaft in Freundschaft umzuwandeln. Das Eintreten Alberts beendet das Gespräch. Die beiden Männer sehen sich hier zum letzten Mal. Der

Lotte will Freundschaft statt Leidenschaft

Werthers letzte Begegnung mit Albert: unüberbrückbarer Gegensatz

Gegensatz zwischen ihnen ist unüberbrückbar. W. kann sich nicht zum Gehen entschließen. Er kümmert sich nicht darum, ob sein Bleiben erwünscht ist oder nicht. Aber als Albert die Form wahrt, als der Tisch gedeckt ist und dieser ihn bittet zu bleiben, da „dankte (er) kalt dagegen und ging weg" (Ausgabe dtv S. 103).

21. 12. W. beginnt seinen Abschiedsbrief und will Lotte noch einmal sehen

Am nächsten Morgen beginnt er seinen Abschiedsbrief an Lotte, der Entschluß zum Selbstmord ist in ihm unwiderruflich geworden. Er hat auch den Plan gefaßt, Lotte noch einmal zu sehen. Seinem Bedienten erteilt er den Auftrag zu packen und reitet zum Amtmann hinaus, den er aber nicht antrifft. Dann kehrt er nach Hause zurück und schreibt einige Zeilen an seinem Brief, bevor er zu Lotte aufbricht.

„Lotte war indes in einen sonderbaren Zustand geraten." sagt der Herausgeber (Ausgabe dtv. S. 106). Sie ist zerrissen zwischen dem Wunsch, an der Seite Alberts „das Glück ihres Lebens" zu finden, und dem heimlichen „Verlangen", W. „für sich zu behalten". Gleichzeitig weiß sie, daß sie ihn nicht behalten kann und nicht behalten darf. Der Widerspruch zwischen Gefühl und Notwendigkeit treibt sie in eine ihr sonst unbekannte Stimmung: „[...] ihr reines, schönes, sonst so leicht sich helfendes Gemüt empfand den Druck einer Schwermut, dem die Aussicht zum Glück veschlossen ist. Ihr Herz war gepreßt, und eine trübe Wolke lag über ihrem Auge" (Ausgabe dtv S. 107). Durch die Aussicht auf eine Trennung von W. hat sie erfaßt, was er ihr bedeutet.

Lotte ist außer Fassung

Sein Erscheinen, mit dem sie nicht gerechnet hat – es ist inzwischen früher Abend – muß sie also aus der Fassung bringen. Schließlich fällt ihr ein, daß Werthers Übersetzung einiger

Gesänge des Ossian noch bei ihr liegt, und indem sie ihn darum bittet, daraus vorzulesen, hofft sie, die Situation zu entspannen.

Die Lektüre des Ossian soll W. ablenken – sie führt aber zum Ausbruch des Gefühls

Aber genau das Gegenteil tritt ein. Die leidenschaftliche Aufgewühltheit der im empfindsamen Zeitstil verfaßten Gesänge führt „zu dem Ausbruch gestauten Gefühls" (Ausgabe dtv S. 206), in dem sich auch Lotte für Sekunden verliert.

Es ist Goethes eigene Übersetzung der „Songs of Selma", die er W. hier vortragen läßt.

„Die ‚Songs of Selma' sind typisch für die Ossianische Welt. Am Beginn steht Naturlyrik, dann erscheinen, schattenhaft, Gestalten der Heldenzeit. Sie singen von vergangenen tragischen Ereignissen. Dabei werden die Menschen mit der Natur, mit Felsen, Blumen und Wind verglichen. Eine Anzahl Namen taucht auf und neue Geschichten folgen fast ohne Übergang. Der Zusammenhang bleibt undeutlich, sofern man sich nicht sehr genau den verschachtelten Aufbau klarmacht. Was Werther und Lotte ergreift – und die ganze Zeit ergriff –, sind einige tragische Einzelmotive und ist vor allem der klagende sehnsuchtsvolle lyrische Klang. [...] In allen Geschichten, die hier verknüpft sind, handelt es sich um den Tod junger Männer und die Klage junger Frauen, und Werther denkt dabei an seinen eigenen Tod."

(Kommentar von Erich Trunz Ausgabe dtv S. 205/06)

Verschiedene Funktionen der Ossian-Dichtung im Aufbau

Der Einbezug der Ossian-Dichtung an dieser Stelle erfüllt verschiedene Funktionen:

1. Lottes und Werthers Beziehung beginnt und endet im Zeichen einer Dichtung (16. 6. 1771). Das geistig-seelische Band ist für sie bestimmend. Zu Anfang ist es die hochgestimmte, empfindsame Dichtung Klopstocks,

zum Schluß die empfindsam klagende des Ossian, in der beide die Übereinstimmung ihrer Gefühle erfahren. Aber dieses Band treibt wiederum gerade die erotische Seite ihrer Beziehung hervor, so daß der Leser Zeuge des Höhepunktes wird, den Lotte und W. hinsichtlich der beiden Aspekte ihrer Beziehung hier erleben.

2. Dadurch, daß Goethe nicht das Gefühl Lottes und Werthers für die Ausweglosigkeit ihrer eigenen Situation beschreibt, sondern sie diese erleben läßt in den Gesängen des Ossian, wird die Steigerung dieses Gefühls und sein Ausbruch nachvollziehbar für den Leser.

3. Durch das Motiv „Ossian" faßt Goethe inneres und äußeres Geschehen des Romans zusammen und deutet gleichzeitig auf das Ende: Lotte ahnt Werthers schreckliches Vorhaben.

22. 12.

Werthers letzter Besuch hat Lotte in tiefste Verwirrung gestürzt. Sie empfindet ihre Lage als ausweglos und ist wie gelähmt.

Handlungsunfähigkeit Lottes sowohl gegenüber W. wie auch Albert

Sie erkennt, daß sie W. verloren hat, und fürchet, daß er sich das Leben nehmen wird. Sie weiß aber auch keine Lösung für ihr gestörtes Verhältnis zu Albert, weil sie ihm gegenüber zu lange geschwiegen hat. Als er nach Hause kommt, wagt sie ihm lediglich mitzuteilen, daß W. am vergangenen Abend bei ihr gewesen sei. So verspielt sie auch den letzten Moment, in dem sie – von ihrer Seite her – W. vielleicht hätte retten können. Da sie Alberts Haltung gegenüber Werthers häufigen Selbstmord-Äußerungen kennt, er nimmt diese nicht ernst, da Albert außerdem schlechter Stimmung ist, wagt sie nicht, ihn davon abzuhalten, die Pistolen an W. zu geben, und kommt daher in die Zwangslage,

Dadurch gerät sie in die Zwangslage, handeln zu müssen:

Sie händigt die

Pistolen aus

sie dem Burschen selbst aushändigen zu müssen. Sie wird damit zur Todesbotin. Die Katastrophe ist nun nicht mehr aufzuhalten. W. erhält die Pistolen und erlebt denn auch die Tatsache, daß Lotte sie dem Burschen ausgehändigt hat, zugleich als Heiligung und Bestätigung seines Entschlusses. Der Selbstmord ist in keinem Augenblick für W. mit dem Gedanken an Schuld belastet. Die Gründe dafür sind bekannt. Alle Angelegenheiten Werthers sind geordnet. Er geht zum letzten Male aus, besucht den gräflichen Garten und „schweifte weiter in der Gegend umher". (Ausgabe dtv S. 121) Nachdem er auch den Abschied von der Natur vollzogen hat, verabschiedet er sich in einer kurzen Notiz sowohl von Wilhelm als auch von Albert. Beide Niederschriften zeigen, daß die Loslösung vollzogen ist.

Werthers Abschied von der Natur besiegelt die Ablösung von der Welt

W. spricht nicht mehr von sich, seinen Leiden und seinem Tod, sondern denkt an die Menschen, denen dieser Kummer machen wird, an den Freund, sogar an die Mutter, an Albert und zuletzt Lotte. Er ist jetzt auch in der Lage auszusprechen, daß Schuld bei ihm liegt, weil er den Frieden zwischen Lotte und Albert gestört hat.

Schließlich schickt er den Bedienten zu Bett und beendet den Brief an Lotte. Danach erschießt er sich. Einer seiner letzten Gedanken beschäftigt sich mit der blaßroten Schleife. Er wünscht, daß sie mit ihm begraben wird. Die Wünsche für sein Begräbnis sind klar und präzise. Sie finden sich zusammen mit der rauschhaften Steigerung in den „Taumel des Todes" (Ausgabe dtv S. 123) in seinem Abschiedsbrief an Lotte, auf den bereits mehrfach verwiesen wurde.

Werthers Abschiedsbrief

Der Ewige, der Vater, Brot und Wein, der Kelch des Leidens, Opfer, Schuld, Strafe und Gnade werden erwähnt. R. Meyer-Kalkus sagt dazu: „In der christlichen Tradition ist das Leiden der Menschen ein ‚Nachleiden', ihr Sterben ein ‚Nachsterben' in der imitatio Christi. Für Werther hat die Passionsgeschichte ihre verbindliche Funktion und ihre konsolatorische Kraft verloren und ist disponibel geworden für die emphatische Deutung seiner eigenen Leiden. In den Worten Christi am Kreuz, die für die Christen das unübersteigbare Maß aller Verzweiflung bedeuten, spiegelt er den Komplex, an dem er selber leidet: das Fehlen des Vaters und den eigenen Weltverlust"[1)]

Die Profanierung christlicher Glaubensinhalte verhilft W. zu dem glückhaften „Wahn", daß sein Tod sowohl Opfer wie Sühne sei und daß er ihn im Jenseits zu der Erfüllung seiner Wünsche führen werde, zu dem, was er sucht, den Vater, die Mutter, Lotte. Aber noch in diesen letzten Äußerungen Werthers wird die Gegensätzlichkeit spürbar, die sein Verhältnis zu Lotte geprägt hat. Fühlte er sich wiederholt ihr gegenüber als Kind, so ergreift er hier herrisch von ihr Besitz. Ihr Leben, die Tatsache, daß Albert ihr Mann ist, das alles zählt nicht mehr angesichts der erwartungsvollen Gewißheit, daß sie „von diesem Augenblicke" sein sei für alle Ewigkeit.

W. gegenüber Lotte sowohl Kind als auch Mann, der Besitz ergreift

Werthers Anweisungen für sein Begräbnis berücksichtigen die Tatsache, daß Selbstmörder nicht unter den Toten ruhen durften, die eines natürlichen Todes gestorben waren. In diesem Zusammenhang ist auch seine Bitte verständlich, der Amtmann möge seine Leiche schützen. Selbstmörder galten ja als Verbrecher. Als Platz für sein Grab wählt W. eine entfernte Ecke auf dem Friedhof, aber einen Platz, an dem zwei Linden stehen.

Werthers Anweisungen für sein Begräbnis

Beide Motive,

1) Meyer-Kalkus, R., a.a.O. S. 128

Leben und Tod, durchziehen den ganzen Roman

Das Motiv der Bäume, Symbol des Lebens, durchzieht wie das des Selbstmordes den ganzen Roman. Zum Schluß verbinden sich beide.

Der abschließende Bericht des Herausgebers

Die Widersprüchlichkeit der letzten beiden Szenen des Romans könnte nicht größer sein. Dort Werthers letzte Exaltationen des Gefühls im Blick auf das Jenseits – hier die grausame Wirklichkeit, die Goethe den Herausgeber mit naturalistischer Genauigkeit schildern läßt.
Der Widerspruch wird nicht aufgehoben.

Dennoch gibt es Trost

Dennoch ist die Szene nicht ohne Trost. In Werthers grauenhaftem Tod wird offenbar, daß er tatsächlich ein Glied der „liebenswürdigen Familie" (10. 8. 1771) geworden ist, und darüber hinaus, daß der Amtmann das Vertrauen rechtfertigt, das er in ihn gesetzt hat. Er wird leidenschaftlich, wie ein Sohn und Bruder, betrauert und beweint von Lottes Vater und dessen ältesten Söhnen. Dieser setzt seine ganze Autorität ein und sich selbst über die Konventionen hinweg, um den Aufruhr, der in der Stadt entstanden ist, zu „tuschen", und begleitet wie auch seine Söhne W. auf seinem letzten Gang. Alberts „Bestürzung" und Lottes „Jammer" sind so groß, daß beide der Leiche nicht folgen können. Man fürchtet sogar „für Lottes Leben".

W. ist in die Familie aufgenommen
Der Amtmann in der Rolle des Vaters und Beschützers,

Der Amtmann sorgt auch dafür, daß W. den Platz auf dem Friedhof erhält, den er sich erwählt hat. Ihm bleibt damit das Schicksal anderer Selbstmörder erspart, wenngleich seine Bestattung ohne Geistlichen stattfindet und er damit außerhalb der christlichen Gemeinschaft steht.

aber auch der öffentlichen Autorität

Gegensätzliche Deutungen des Hinweises auf Lessings „Emilia Galotti"

Auffallend ist in diesem Bericht der lakonische Satz:
„'Emilia Galotti'" – es handelt sich um das Drama von Lessing (1772) – „lag auf dem Pulte aufgeschlagen." Er hat zu den verschiedensten Deutungen Anlaß gegeben. Goethe hat ihn, leicht verkürzt, aus Kestners Bericht über den Selbstmord Jerusalems übernommen, dessen Gestalt und Schicksal ihn zu seinem „Werther" angeregt hatten. (vgl. Kapitel „Entstehung und Fassungen des Romans"). Die beiden folgenden Deutungen sollen einen Eindruck von der Gegensätzlichkeit möglicher Positionen, die mit unterschiedlichen Interpretationssätzen zusammenhängen, vermitteln.

1) „Ein letztes Detail hat Gewicht: ‚Emilia Galotti lag auf dem Pulte aufgeschlagen.' Die aufmerksamen Zeitgenossen hatten eine tiefsinnige Deutung dieses Umstands nicht nötig. Werther nimmt sein Schicksal in die Hand wie Lessings Odoardo das seiner Familie. Der Bürger wächst über sich selbst hinaus: als Gewalttäter wird er zum Anwalt der Menschlichkeit. Doch richtet er seine Tat gegen sich selbst, nicht gegen diejenigen, die Gewalt und Zwang ausüben. Wer den Werther recht zu lesen verstand, mußte weitere Folgerungen ziehen. Odoardo tötet im Namen der bürgerlichen Moral, die der fürstlichen Willkür hilflos gegenüber steht. Werther dagegen steht mit seiner Gewalttat nur noch für sich selbst ein. Er kämpft ohnmächtig gegen die Unterdrückung des Individuums durch die gesellschaftlichen Zwänge. Wie Odoardo Galotti ist er letztlich nur der Vollstrecker der Gewaltsamkeit, der er sich ausgesetzt sieht." Klaus R. Scherpe, Werther und Werther-Wirkung. Vlg Gehlen Bad Homburg v. d. Höhe 1970. S. 70

2) „„Emilia Galotti' und ‚Die Leiden des jungen Werthers' verhalten sich zueinander wie komplementäre Gestalten einer strukturell gleichen Problematik: in beiden Fällen wird das Todesverlangen eines Adoleszenten durch den Wunsch und die Hilfeleistung anderer sanktioniert. Die ‚Amoralität' des Selbstmordes wird durch eine intime, ganz ‚privatmenschliche' Erfüllung suspendiert. Hier entlastet ein ‚unglücklicher Vater' seine Tochter von der Todsünde schlechthin, indem er ihren Wunsch, durch den Tod Schmach und Verführung abzuwenden, teilt und die Schuld der Tat auf sich nimmt. Dort fehlt ein empfindsames Zwiegespräch, aber der Vereinsamte, nur noch über briefliche Monologe sich Mitteilende begrüßt in Lottes Handlung das Zeichen eines Einverständnisses und eines Wunsches, der sein eigener Wunsch ist. Der Entschluß zum Freitod wird in beiden Fällen aus einer nur individuellen Handlung zur empfindsamen Interaktion, in der Worte, Gesten und Zeichen getauscht werden – mitleidend, anteilnehmend und wünschend."
R. Meyer-Kalkus. Werthers Krankheit zum Tode in Urszenen. Hrsg. Fr. A. Kittler u. H. Turk. Suhrkamp Vlg 1/1977. S. 136

Goethe hat der 2. Auflage des „Werther" 1775, also nach der Erfahrung der ungeheuren Aufregung, die die 1. Auflage hervorgerufen hatte, Motto - Verse vorangestellt.[1)]

1) Erich Trunz, Ausgabe dtv S. 142

Vor das 1. Buch:

Jeder Jüngling sehnt sich, so zu lieben,
Jedes Mädchen, so geliebt zu sein.
Ach, der heiligste von unsern Trieben,
Warum quillt aus ihm die grimme Pein?

Vor das 2. Buch:

Du beweinst, du liebst ihn, liebe Seele,
Rettest sein Gedächtnis von der Schmach;
Sieh, dir winkt sein Geist aus seiner Höhle;
Sei ein Mann unf folge mir nicht nach.

Die Verse wurden in späteren Auflagen nicht wieder verwendet.

Personenkonstellation

Werther – Lotte

W. hat für einen bürgerlichen jungen Mann des 18. Jhdts ungewöhnlich gute äußere Voraussetzungen, um ein erfülltes und auch angenehmes Leben in der Gesellschaft seiner Zeit zu führen. Er hat Talente und Geld und die nötigen Beziehungen, um eine ihm angemessene Position zu finden.
Aber von klein an beherrscht ihn ein fundamentales Ungenügen und Unbehagen an allem, was ihn umgibt – ausgenommen die Natur, wie sie sich in Bergen und Tälern, Quellen und Flüssen, Sonne, Regen und Sturm, Fauna und Flora darbietet. Er stößt sich daran, daß die Menschen und die gesellschaftlich-politischen Verhältnisse unvollkommen sind. Bestimmte feste Überlieferungen, Meinungen, Wertschätzungen beherrschen alle Institutionen und auch ihre Vertreter. Die Kunst z. B. steht unter dem Gesetz der „Regeln", die Wissenschaft unter dem der Vernunft. Beide Bereiche sind beherrscht von verstandesmäßigem Denken. Und dagegen läuft W. Sturm. Er stellt Gefühl über Verstand. Das Gefühl erlebt er als eine Naturkraft, die im Herzen beheimatet ist. Und da die Natur für ihn die letzte Instanz überhaupt ist, wird das Herz das zentrale Organ seines Erlebens. Von ihm aus beurteilt er Menschen und Dinge. Vor seinem Urteil können also Einrichtungen nicht bestehen, die den herrschenden Zeitgeist ausdrücken, und Menschen, die einseitig an die Gegebenheiten angepaßt sind. Die Art und Weise, wie W. sich äußert, ist die eines verwöhnten, eigensinnigen Kindes, das herrisch seine Vorstellungen durchzusetzen sucht. Er möchte niemandem unrecht tun, aber dadurch, daß er keine Kompromisse schließen kann und ohne Rücksicht nur seinem Herzen folgt, verletzt er die, die ihm nahestehen, und verprellt die, auf die er Rücksicht nehmen müßte, weil er von ihnen abhängig ist. Dieses Muster seines Verhaltens ist durchgehend festzustellen. Dennoch hat man den Eindruck, daß kaum jemand sich der Wirkung seiner anregenden und reichen Persönlichkeit entziehen kann. W. akzeptiert diese Tatsache aber nicht mit Genugtuung oder auch Eitelkeit, sondern ist unbestechlich: Nur dem Reichtum und der Unbedingtheit seines Herzens mißt er einen Wert bei, und danach handelt er.

Als er Lotte kennenlernt, hat er die erste Flucht bereits hinter sich. Seine Kräfte sind weder durch einen Beruf noch durch eine künstlerische Tätigkeit gebunden, und so können sie sich mit ungehemmter Naturkraft auf ihre Person konzentrieren. W. erlebt diesen Vorgang unter dem Eindruck ihrer Persönlichkeit aber umgekehrt so, daß er meint, Lotte habe seinen „Sinn gefangengenommen" (16. 6. 1771).
W. empfindet Lotte als vollkommen. Diese Vokabel ist die erste überhaupt, die er in bezug auf sie gebraucht. Sie kommt gleich zweimal hintereinander vor. Mit ihr dokumentiert er den Eindruck, den ihr Wesen auf ihn gemacht hat.
Mit beiden Ausdrücken – „gefangengenommen" und „vollkommen" – sind die wichtigsten Aspekte im Verhältnis beider Personen gleich zu Anfang eindeutig und umfassend beschrieben.
Was W. unter Vollkommenheit versteht, bezeichnet er dem Freund gegenüber als

> „So viel Einfalt bei so viel Verstand, so viel Güte bei so viel Festigkeit, und die Ruhe der Seele bei dem wahren Leben und der Tätigkeit.–" (16. 6. 1771)

Er meint damit die Überwindung der Gegensätze, die Aufhebung der Widersprüche, die Einheit in der Vielfalt. Nach ihr verlangt sein ganzes Wesen, und so muß er von Lotte in allen Bereichen seiner Person angezogen werden. Der Ball, den Goethe für die Begegnung der beiden wählt, bietet ihm eine ideale Gelegenheit, alle ihre Vorzüge zu entfalten. Denn sie müssen sich als solche auch im Vergleich mit anderen Menschen erweisen.
In den 5 von Goethe gewählten Situationen (vgl. kommentierte Inhaltsangabe S. 29/30) zeigt Lotte sowohl Geist als auch praktischen Verstand, Güte und Empfindsamkeit, aber auch selbstbewußte Entschlossenheit gepaart mit Selbstbeherrschung, so daß andere ihr Verhalten als überlegen empfinden und ihren Vorschlägen folgen. Sie kann sich selbstvergessen dem Augenblick hingeben und hat sich doch ganz in der Hand. Die Kritik der älteren Frau an ihrem Verhalten kümmert sie nicht. Weder wehrt sie sie ab, noch nimmt sie dazu Stellung. Sie ist angepaßt, aber auch unabhängig.
Ihre anziehende Gestalt und die Harmonie ihrer Bewegungen reißen W. zu bewundernden Ausdrücken hin. Er ist von ihrem

Körper ebenso wie von ihrer Seele und ihrem Geist vom ersten Augenblick an wie magisch angezogen. Obwohl Lotte im Alltag die Rolle der Hausfrau und Mutter erfüllen muß, hat sie nichts von dem Frohsinn und der Heiterkeit verloren, die ihrem Alter angemessen sind. Sie ist fraulich und mädchenhaft zugleich. Sie kann sich aber auch artikulieren. Alles, was sie sagt, ist geprägt von der „liebenswürdigsten Freimütigkeit" (16. 6.1771). Sie teilt ihre Gedanken mit, und sie äußert Wünsche.
Ihre ganze Person strahlt gleichzeitig Gelassenheit und Lebendigkeit aus. Sie ruht in sich selbst. Sie hat damit Natur, und das ist die Eigenschaft, die W. im wahrsten Sinne bezaubert und der er sich nicht entziehen kann.
Lotte ihrerseits fühlt sich von W. so angezogen, als sei er ein seit langem vertrauter Freund. Auch sie reagiert auf seine ganze Person. Im Tanz und später in der Szene am Fenster erfährt sie eine Übereinstimmung mit ihm, die sie beglückt. Unter diesen Voraussetzungen entwickelt sich in der Folgezeit die Beziehung der beiden zueinander. So schnell wie W. Freund Lottes war, so schnell ist er Freund der Familie, und Lotte hätte ihn gern in dieser Rolle für unbegrenzte Zeit gesehen. Erst durch die Veränderung seiner Person, die zunehmende Verengung seines Blickfeldes und die bedrohliche Verabsolutierung seines Gefühls fühlt sie sich in die Enge getrieben. Sein Zustand treibt die Widersprüche hervor, die auch in ihrer Person und ihrem Verhältnis zu ihm enthalten sind, so daß die Spannung zwischen ihnen immer mehr ansteigt, bis sie zum Schluß, bei der letzten Begegnung, ausbricht. W. betrachtet die Küsse und Umarmungen bei dieser Begegnung als Unterpfand ewiger Zusammengehörigkeit. Lotte verstummt unter dem Druck des Gefühls, schuldlos und schuldig zugleich zu sein.

Werther – Albert

Das auffallendste Merkmal in der Beziehung Werthers und Alberts ist ihre fortgesetzt negative Entwicklung. Sie läuft parallel mit Werthers Ablösung von der Welt und der dadurch bedingten Konzentration auf Lotte.
So wie W. Lotte zu Beginn seiner Bekanntschaft mit wenigen Worten umfassend charakterisiert hat, so tut er es auch mit Albert (30. 7. 1771). An diesem fällt „seine gelassene Außensei-

te" auf, und „er hat viel Gefühl". Außerdem zeichnet es ihn aus, daß er „wenig üble Laune" hat, die ja eine „Sünde" in Werthers Augen ist, und daß er „weiß, was er an Lotten hat". Da also der Rahmen seiner Person nicht eng ist, einmal ganz abgesehen von den Fähigkeiten, die er in seinen Geschäften an den Tag legt, müßte W. ihn schätzen können. Dennoch klingt von Anfang an in Werthers Bewertung ein herablassender, gönnerhafter Ton mit. W. sagt von ihm: „Ein braver, lieber Mann, dem man gut sein muß." Albert hat nichts Genialisches an sich. Er gehört zu den angepaßten Bürgern, denen gegenüber W. im allgemeinen ablehnend ist. Außerdem ist er sein Rivale im Kampf um Lottes Gunst, und da W. sich nicht aufraffen kann, um Lotte zu kämpfen, bleibt er Sieger. Je mehr W. diese Tatsachen durch den Gang der Dinge zu Bewußtsein kommen, umso weniger kann er Albert Gerechtigkeit widerfahren lassen. Die Zeit vom Juli bis September 1771 ist noch erträglich, obwohl bereits das Gespräch über den Selbstmord die Unterschiedlichkeit zwischen beiden Männern und ihr Unvermögen, einer dem Denken und Empfinden des anderen Gerechtigkeit widerfahren zu lassen, deutlich macht. Aber nach Werthers Rückkehr zu Lotte und Albert, nachdem die beiden verheiratet sind, wird die Beziehung zunehmend feindlich.
W. genießt zunächst – im August 1771 –, daß Alberts Eintreffen nichts an seinem Vertrautsein mit der Familie und Lotte ändert. Ja, Albert ist sogar so offen und vertrauensvoll W. gegenüber, daß er sich mit ihm über Lotte unterhält und ihm die Geschichte vom Tod ihrer Mutter und der Einsetzung in deren Rolle erzählt. W. beneidet Albert sogar, weil dieser in seinen Geschäften aufgeht – „in Akten begraben" ist (22. 8. 1771) – und durch sein Tun mit jedem neuen Tag Hoffnung und Erwartung, also Sinn, verbindet. Was ihn an Albert stört, das sind dessen Ausgeglichenheit, Gerechtigkeit und Vernunft, mit denen er an alle Probleme herangeht, wie z. B. auch an das Selbstmordproblem. Es stören W. auch die vielen „Zwar", die Albert bei der Diskussion über einen Sachverhalt anwendet, um nur ja nichts Übereiltes oder Halbwahres zu sagen. Von Ende Juli 1772 bis zu seinem Selbstmord im Dezember 1772 kann W. Albert nicht erwähnen, ohne negative Charakterisierungen abzugeben. Zuerst heißt es noch, daß Albert Lotte zwar liebe „und so eine Liebe, was verdient die nicht! –" (29. 7. 1772), aber gleichzeitig muß er ihm am

Zeuge flicken, weil er überzeugt ist, daß Lotte mit ihm, W., glücklicher geworden wäre. Er benennt den Punkt, auf den er diese Aussage bezieht und wodurch er Albert in seinem Werte schmälern will. Es ist „ein gewisser Mangel an Fühlbarkeit", der sich seiner Meinung nach „in hundert [...] Vorfällen" äußert. Darin ist Albert Werther wirklich unterlegen, und dieser Mangel wird nun von ihm überbewertet, wohingegen die Vorzüge Alberts nahezu ganz zurücktreten. Der Herausgeber sagt, daß Alberts Freunde festgestellt hätten, W. sei „immer ungerechter" geworden, je „unglücklicher" er geworden sei, und er habe Albert nicht beurteilen können. Die Verhältnisse spitzen sich dadurch zu, daß A. aufhört, die unmittelbare Kommunikation mit W. zu suchen. Er verläßt oft das Zimmer von Lotte, wenn W. bei ihr ist. W. legt dies als Haß und Abneigung aus, die Freunde als Rücksichtnahme. Die Wahrheit dürfte in der Mitte liegen. (vgl. Herausgeberbericht) W. zieht daraus die Berechtigung, sich in seine Ablehnung hineinzusteigern. Er spricht schließlich von Rache- und Mordgelüsten, nachdem er bereits im August 1772 darüber nachgedacht hat, was geschehen würde, wenn Albert stürbe. Jetzt erst stößt er sich an Alberts Geschäftigkeit, weil er glaubt, daß dieser Lotte darüber vernachlässige. Er zeiht ihn der „Sattigkeit" und „Gleichgültigkeit" und damit der Sünden, die er der bürgerlichen Gesellschaft so lebhaft vorgeworfen hat. Er ahnt schließlich, daß Albert eine Änderung des Verhältnisses wünscht und rechnet ihm diesen Wunsch als Bruch der Freundschaft an. Albert ist tatsächlich beunruhigt. Werthers häufige Besuche haben ihn nicht gestört, solange er nicht mit Lotte verheiratet war – er war ja nicht eifersüchtig, sondern freute sich doppelt über seine Braut, weil sie durch W. in ihrem Wert bestätigt wurde – aber jetzt ist er mit ihr verheiratet und will nicht, daß Gerede entsteht. Er kommt gar nicht auf den Gedanken, sich über die bürgerlichen Konventionen hinwegzusetzen. Aber er ist auch nicht kleinlich und engherzig, sondern läßt Lotte die Freiheit, selber die Sache in die Hand zu nehmen. Er vertraut ihr also.

W. weiß immer, daß er Albert unrecht tut. Kurz vor seinem Selbstmord spricht er es aus, und im Abschiedsbrief sagt er: „Ich habe dir übel gelohnt, Albert, und du vergibst mir." Er stellt also das Verhältnis wieder her.

Lotte – Albert

Lottes und Alberts Beziehung beruht auf dem sicheren Fundament uneingeschränkten gegenseitigen Vertrauens und einer herzlichen elementaren Zuneigung. Das Vertrauen drückt sich z. B. in der Offenheit aus, in der beide miteinander kommunizieren, und in der Selbstverständlichkeit, mit der Albert Lotte in der Beziehung zu W. handeln läßt. Die Zuneigung wird in Szenen deutlich, in denen Albert oder Lotte spontane Regungen des Gefühls zeigen, wie z. B. beim Nachtgespräch im Garten des Grafen von M. (10. 9. 1771) und anläßlich des kleinen Briefs, den Lotte an den abwesenden Albert geschrieben hat (5. 9. 1772) und in dem sie ihn „mit tausend Freuden" zurückerwartet.

Die große Übereinstimmung, die zwischen den beiden herrscht, ist bedingt durch äußere und innere Faktoren. Beide gehören zum gehobenen Bürgertum, beide sind gebildet, und ihr Auftreten ist weltläufig. Beide pflegen aber auch - wie sich z. B. im Umgang mit W. zeigt – Freundschaften, nahe Kontakte mit anderen Menschen. Sie sind großzügig im Zusammenleben mit ihnen und großzügig im Umgang miteinander. Dahinter stehen bestimmte Wertvorstellungen, die für ihr Handeln maßgebend sind. Diese lassen aber auch die Unterschiede zwischen beiden erkennen. Während Albert das vernünftige, gerechte Handeln in Übereinstimmung mit den Normen und Konventionen seiner Zeit in allen Situationen des Lebens besonders wichtig ist, kann Lotte darüber hinaus ihrem Gefühl für das Nicht-Rationale nachgeben und im Gefühl schwelgen. Ihre Vorstellungskraft ist reicher als die Alberts. Sie interessiert sich für Dichtung und Musik, von Albert wird nichts dergleichen berichtet. Es werden also nicht alle Seiten ihrer Natur durch Albert angesprochen. In diese Lücke stößt W. vor.

Zunächst einmal fühlt Albert sich nicht durch W. gestört. Im Gegenteil, er betrachtet ihn als Freund und sieht sich und seine Braut dadurch bestätigt, daß ein so anspruchsvoller Mann wie W. dieser den Hof macht.

Erst zwischen August und Dezember 1772 empfindet er Werthers Anwesenheit als störend, wie bereits erwähnt, weil er nun verheiratet ist, weil die Leute reden, weil W. den gewohnten Zustand unverändert fortsetzt und weil Lotte nichts daran ändert. Es dauert aber lange, ehe er sie darum bittet, es ist inzwischen Anfang Dezember geworden, ihn zu entfernen. Er klagt bei diesem Gespräch (Herausgeberbericht) aber Lotte nicht an, sondern erwartet von ihr, daß sie Werthers Betragen in eine andere Richtung lenkt. Als Gründe für seinen Wunsch nennt er das Gerede der Leute, aber auch ihrer beider Beziehung zueinander. Er hält sie also für gefährdet. Da Lotte nicht in der Lage ist, ihm zu antworten, drängt er nicht weiter in sie und vermeidet fortan die Unterhaltung über dieses Thema. Seit dieser Zeit ist die „glückliche Vertraulichkeit" (Herausgeberbericht) zwischen ihnen unterbrochen. Lotte gerät, weil sie mit sich selbst nicht im reinen ist – sie muß Werthers Entfernung wünschen und wünscht doch nur, daß er bliebe – und weil sie sich deswegen schuldig fühlt, in die für sie ausweglose Situation, W. die Pistolen aushändigen zu müssen. Albert ist in diesen Tagen stark beschäftigt, und da die Angelegenheiten, mit denen er zu tun hat, nicht nach Wunsch verlaufen, ist seine Laune schlecht. Zu Anfang des Romans hieß es, er habe wenig schlechte Laune. Hier wird sie ausdrücklich erwähnt. Lotte ist wie gelähmt, und so kann sie ihm nichts von den Gefühlen zeigen, die sie bewegen, weder ihre Angst um W. noch die Liebe und Verehrung, die sie Albert entgegenbringt.

Zusammenfassend läßt sich feststellen, daß Werthers Person alle Aspekte der Persönlichkeit Lottes, am meisten aber ihre geistig-seelische Empfindsamkeit bestätigt. Alberts Person antwortet auch auf alle Seiten seiner Frau, am wenigsten jedoch auf die genannte. Er versucht eher, sie zu dämpfen. Das erklärt, daß die wachsende Zuneigung zwischen Lotte und W. gerade auf diesem Gebiet besonders intensiv ist. Es erklärt zum Schluß, daß Lotte so sehr daran gewöhnt ist, „alles, was sie Interessantes fühlte und dachte" (Herausgeberbericht), ihm mitzuteilen, daß sein Verschwinden „in ihr ganzes Wesen eine Lücke" reißen mußte „die nicht wieder ausgefüllt werden konnte".

Problematik

Wenn man Werthers Weg verfolgt, so fällt auf, daß er durch das Muster von Neuanfang und Flucht gekennzeichnet ist. W. sucht und flieht immer wieder, was er sucht. Immer, wenn es darauf ankäme, daß er handelte, sich für eine Position entschiede, entzieht er sich ihr. Seine Problematik muß also in der Widersprüchlichkeit liegen, durch die sein Denken, Empfinden und Verhalten einerseits, aber auch die Vehältnisse, die er vorfindet, gekennzeichnet sind.

1. W. flieht von zu Hause und verläßt damit Verhältnisse, die ihm, da er ihre Beschränktheit und Unvollkommenheit erfahren hat, unerträglich erscheinen. Er sucht einen Neuanfang in der „Natur" und findet ihn bei Lotte. Aber er muß auch unter veränderten Verhältnissen die Erfahrung machen, daß unübersteigbare Schranken nicht nur äußerer, sondern auch innerer Art seinen Vorstellungen von erfülltem Leben entgegenstehen.
2. Er flieht von Lotte und kehrt an seinen Ausgangspunkt, die Welt, zurück. Dort versucht er, einen Neuanfang unter anderen Bedingungen zu machen. Er wird erneut und schmerzlicher als früher enttäuscht.
3. Nun flieht er von der Gesandtschaft zu Lotte zurück. Diese dritte Flucht führt ihn in die vollkommene Isolation, aus der
4. nur noch der Selbstmord als letzter Ausweg bleibt. Ausweg insofern, als W. im Jenseits die Vollkommenheit zu finden hofft, die ihm auf Erden nicht erreichbar war. Oder anders ausgedrückt:

Von Anfang an sucht W. Freiheit und stößt immer wieder auf Einschränkung, und zwar sowohl auf allen Gebieten des Lebens wie auch in der eigenen Person. Die Widersprüchlichkeit seiner Erfahrungen wird nicht aufgelöst. Er hat immer recht und unrecht zugleich.

Werthers hoher Anspruch an Menschen und Dinge, auch an die eigene Person, liegt darin begründet, daß er der Natur und ihrem Wirken Vorbildcharakter zuschreibt. Die Natur ist für ihn die große, alles überwölbende, die Schöpfungskraft schlecht-

hin. In ihr offenbart sich das Göttliche, und daher muß ihr Wirken Maßstab sein. Da alle Erscheinungen mit ihr zusammenhängen, sind sie auch an ihr zu messen, seien es Menschen, seien es die Dinge, die der Mensch hervorbringt. Es sei daran erinnert, daß Rousseaus Naturevangelium eine revolutionierende Wirkung auf die Zeitgenossen ausübte. Die Natur ist aber nicht ohne Kehrseite. Sie treibt den in ihr verborgenen Gegensatz hervor. Wie sie Schöpfungskraft ist, so ist sie auch die große zerstörerische Kraft schlechthin, deren Wirken alle Erscheinungen ausgeliefert sind. Das besagt, daß volle, ungetrübte Harmonie, ganz gleich, in welchem Bereich, niemals ein Zustand von Dauer sein kann. W. begehrt also Unmögliches, obgleich er sich über diesen Sachverhalt nicht täuscht. Auch das ist eine seiner Widersprüchlichkeiten.
Die wichtigsten Widersprüchlichkeiten auf der inhaltlichen Ebene des Werkes sind in der folgenden Übersicht unter den für W. zentralen Begriffen (22./26.5.1771) zusammengefaßt.

Freiheit	**Einschränkung**
1. Naturerlebnis	
1.1 W. erlebt die Natur in der offenen, freien, gewachsenen Landschaft oder auch in einem Garten (dem englischen), der diesem Ideal zu folgen sucht.	Er lehnt zurechtgestutze Natur, wie z. B. die französischen Gärten, ab. Die offene Natur wird im II. Teil zur „Quelle seines Elendes".
1.2 Er erlebt sie in Lottes Welt und ebenfalls bei Kindern und einfachen Menschen.	Die Idylle wird zum Ort der Entscheidung (Lotte-Handlung). Sie wird zerstört, und es zeigt sich, daß W. den einfachen Menschen fremd gegenübersteht (Schulmeisterstochter).
2. Religion	
Werthers Zugang zum Religiösen ist durch seine Beziehung zur Natur gegeben. Nur über sie erfährt er Gott. Er erlebt ihn als die große schöpferische	Er steht in Gegensatz zur kirchlichen Tradition, da ihn das Lehrgebäude der christlichen Kirche nicht interessiert. Aber er ist in den Vorstellungen des Christentums

Kraft schlechthin, die sich in der Natur offenbart.	fest verwurzelt. Die Bilder aus der Leidensgeschichte Christi helfen ihm, seinen Selbstmord-Entschluß durchzuführen.
3. Literatur, Kunst Die Kunst ist ein wichtiger Bereich des Lebens und der Selbstverwirklichung. Der Künstler soll Werke hervorbringen, die wahr sind in bezug auf die Natur. Er erreicht dieses Ziel, wenn er seinem Gefühl folgt und nicht dem Verstand. Die Natur bringt ihre eigenen Regeln hervor.	W. wendet sich gegen jede Art von Beschränkung durch Regeln, wie sie z. B. in wissenschaftlichen, d. h. theoretischen, Werken zu Literatur und Malerei seit dem 17. Jhdt. festgelegt waren. Es gelingt ihm aber nicht, selber schöpferisch tätig zu sein.
4. Individuum – Gesellschaft W. verlangt für seine Person volle Freiheit von allen Bindungen an die Gesellschaft, damit er seiner Natur folgen, seine Begabungen und seine Gefühlskräfte entfalten kann. Er will Mensch sein, indem er sich als Individuum verwirklicht.	W. verachtet die Vernunftkompromisse, die das Leben in der Gesellschaft fordert. Er betrachtet die „Regeln", die dort herrschen, als Ursache dafür, daß „das wahre Gefühl von Natur" (26. 5. 1771) zerstört werde. Seine Verachtung der Gesellschaft trägt mit dazu bei, daß er ein Opfer ihres Regelsystems wird.
5. Liebe Als W. Lotte kennenlernt, glaubt er, in der Liebe zu ihr sei diese Verwirklichung möglich.	Werthers Liebe ist unerfüllbar, da Lotte durch ihre Bindung an Albert den herrschenden Normen Rech-

Da er Lotte als vollkommene Natur empfindet, wird sie der Gegenstand seines grenzenlosen Gefühls.

nung trägt. W. seinerseits macht nicht den Versuch, um sie zu kämpfen. Die Unerfüllbarkeit seiner Liebe ist ihre Voraussetzung.

Erzählperspektive

I. Allgemeine Feststellungen zum Typ Briefroman

1. Wann immer ein Autor einen Roman, eine Novelle, eine Geschichte erzählen will, muß er einen Erzähler einsetzen, der als Mittler zwischen Stoff und Lesern fungiert.
Dieser Mittler kann z. B. seinen Standort außerhalb der Geschichte, die erzählt wird, haben. Er kann aber auch als erlebendes Ich innerhalb der Geschichte auftreten, so daß erzählendes und erlebendes Ich identisch sind. Ich-Romane sind Beispiele dieses Typs. Eine Sonderform ist der Briefroman. Der Autor setzt einen Briefschreiber ein, der die ganze Geschichte, die erzählt werden soll, in Form von Briefen übermittelt.
Briefe sind persönliche Dokumente. Der Schreiber erzählt, was er erlebt, was er empfindet, was er denkt. Er sucht Kommunikation. Die Seinsbereiche von erzählendem und erlebendem Ich sind auch in diesem Fall identisch. Daraus ergeben sich Konsequenzen:

1.1 Der Wissens- und Wahrnehmungshorizont eines Individuums ist zwangsläufig eingeschränkt. Wenn der Erzählvorgang also an die Existenz des fiktionalen Ich – Erzählers im Brief geknüpft ist, so heißt das, daß die Handlung nicht besonders kompliziert sein kann, d. h. die Orte des Geschehens und die Verknüpfung der Handlungsfäden bleiben überschaubar. Das heißt auch, daß nur eine begrenzte Anzahl von Personen im Roman agieren kann.

1.2 Im Gegensatz zum Wissens – und Wahrnehmungshorizont ist der Blick in das eigene Innere des Briefschreibers potentiell unbegrenzt. Von sich, d. h. von seiner Individualität, von seiner Sicht der Welt, der Menschen und Dinge, weiß der Schreiber alles. (Psychologische Aspekte sollen hier außer acht bleiben.) Also wird er daran interessiert sein, seine Reflexionen, seine Absichten, Meinungen, Empfindungen mitzuteilen und sie in Beziehung zu setzen zu seinen Erlebnissen.

1.3 Obwohl es für die Abfassung von persönlichen Briefen gewisse überlieferte Regeln gibt (einige gelten sogar noch heute), so gibt es jedoch keine Regeln über den Zeitpunkt ihrer Abfassung, über ihre Länge, über ihre Themen im einzelnen, über die Sprache, die jemand verwenden sollte, ob sie z. B. streng den grammatischen Regeln entsprechen müsse oder sich weitgehend davon befreien dürfe. Der Charakter des Briefes bringt es lediglich mit sich, daß die Mitteilungen, die jemand ihm anvertraut, persönlicher, oft intimer Natur sind, daß sie ihn unmittelbar betreffen, daher seine Sicht der Dinge schildern, und daß sie abgestellt sind auf den Adressaten.

Ein Autor kann also durch den Brief eine Person in ihrer Individualität und Subjektivität besonders gut darstellen.

1.4 Der Adressat hat eine wichtige Funktion für den Briefroman. Wenn er in einer persönlichen Beziehung zum Schreiber steht, so wird er diesen gut kennen und ihm zugeneigt sein. Sonst würde sich der Schreiber ihm gegenüber nicht offenbaren. In Anrede und Darstellung wird die Vertrautheit der Beziehung zum Ausdruck kommen. Auch die Inhalte werden sie spiegeln. Der Schreiber kann sehr persönliche Mitteilungen an jemanden machen, von dem er weiß, daß er verschwiegen ist.

Auch die Auswahl dessen, was der Schreiber jeweils und wie er es vermittelt, hängt im engeren Sinne vom Empfänger ab. Man braucht sich nur vorzustellen, was und wie Werther an seine Mutter geschrieben hätte.

2. Dem Autor, der einen oder mehrere Briefschreiber als Erzähler einsetzt, stehen verschiedene Steuerungsmöglichkeiten des Erzählvorgangs zur Verfügung, die mit dieser Perspektive gegeben sind. Durch sie wird der Prozeß des Schreibens unmittelbar für den Leser. Und daraus kann er u. a. Hinweise für die Interpretation des Romans gewinnen. Die Geschichte jedoch erfährt er nur mittelbar.

Folgende Steuerungsmöglichkeiten sind besonders wichtig:

2.1 Die Anzahl der Briefe innerhalb bestimmter Zeiträume.

2.2 Die zeitliche Aufeinanderfolge von Briefen, ihre Regelmäßigkeit oder Unregelmäßigkeit, ihre Gedrängtheit oder lokkere Folge, wodurch sich der Zwang für den Schreiber ergibt, verschiedene Zwischenräume jeweils erzählerisch überbrücken zu müssen und wodurch inneres und äußeres Geschehen im Roman beeinflußt, z. B. beschleunigt oder retardiert, werden kann.

2.3 Das Verhältnis von Erzählung zu Überlegung, Meinungskundgabe, Gefühlsausdruck etc. in jedem einzelnen Brief und in der Abfolge von verschiedenen Briefen und von insgesamt allen Briefen zueinander.

2.4 Die Länge oder Kürze der Briefe.

2.5 Der starke oder geringere Situationsbezug, der innere und äußere, d. h. zeitliche Abstand, den der Briefschreiber zu dem, was er jeweils erzählt, hat oder nicht hat.

Die genannten Steuerungsmöglichkeiten, die für den Typ Briefroman konstituierend sind, lassen von Autor zu Autor und von Roman zu Roman viel Spielraum für individuelle Gestaltung. Allen Briefromanen aber wird der sehr persönliche Charakter der Aussage gemeinsam sein. Die Folgen für den Leser liegen auf der Hand: Er wird hineingezogen in die Innenwelt des Schreibenden und kann sich durch diese intime Nähe einer emotionalen Teilnahme nicht entziehen.

Zwei Typen von Briefromanen fanden besondere Ausprägung.

II. Zwei Typen von Briefromanen

1. Der Briefroman mit mehreren Korrespondenten

Als Goethes Roman 1774 erschien, war der Briefroman bereits seit langem eine beliebte Romanform in Europa. Aber alle Briefromane, die vor dem „Werther" erschienen waren, hatten mehrere Korrespondenten, und sie enthielten alle Rückantworten. Auch Richardsons „Pamela" (1741) korrespondiert noch mit verschiedenen Empfängern, obwohl ihre eigenen Briefe den weitaus größten Teil des Romans ausmachen. In Goethes Roman dagegen schreibt

nur W. – und am Schluß der Herausgeber –, und es gibt keine Antworten. Der Unterschied zwischen beiden Formen ist wichtig.
Wenn mehrere Korrespondenten an einem Briefwechsel beteiligt sind, so kommen polyperspektivische Elemente in die Erzählung. Mehrere schreibende Personen bringen unterschiedliche Sichten, Erlebensweisen, evtl. auch andere Örtlichkeiten und Handlungsweisen ins Spiel, so daß die Subjektivität der schreibenden Hauptperson insgesamt relativiert werden kann.

2. „Werther" – der monologische Briefroman
In Goethes Roman erfährt der Leser sowohl das Geschehen als auch Werthers Reaktion darauf nur aus dessen Sicht. Damit erreicht Goethe eine gesteigerte Subjektivierung und höchste Unmittelbarkeit der Darstellung.
Die Relativierungen, die dadurch zustandekommen, daß W. auf die Meinungen und Urteile seines Freundes Wilhelm eingeht oder daß er gegensätzliche Standpunkte zu Worte kommen läßt, indem er Lottes und Alberts Standpunkt in bezug auf bestimmte Ereignisse oder Sachverhalte darlegt, ändern daran nichts. Der Leser wird nicht aus der Introspektion des Schreibers entlassen, die mit dieser Briefform verbunden ist, und erlebt das Geschehen als authentisch. Letztlich ist Werthers Standpunkt auch deshalb für den Leser vorherrschend, weil Goethe ihn nun auch durch den Gang der Handlung, nämlich durch Werthers Selbstmord, der durch den ganzen Roman vorbereitet wird, bestätigt.
Selbst die Tatsache, daß im letzten Viertel des Buches der fiktionale Herausgeber zu Worte kommt, ändert nichts an der Wirkung dieser Art von Darstellung. Denn einmal kritisiert er Werthers Standpunkt nicht, und der Kontrast, der dadurch bewirkt wird, daß Werthers letzte schriftliche Äußerungen in seinen sachlichen Bericht eingebettet sind, hebt dessen Raserei noch stärker hervor. Dennoch ist nicht zu übersehen, daß die Einsetzung eines Herausgebers eine Relativierung der Perspektive Werthers bedeutet. (vgl. II.3)
Um die Suggestivkraft, die die monologische Briefform aus-

übt, zu verstehen, muß man sich genauer ansehen, wie Goethe die Möglichkeiten nutzt, die sie ihm bietet.

2.1 Vorherrschend ist der Eindruck höchster Unmittelbarkeit des Erzählens. Dieser wird dadurch erzielt, daß W. wiederholt beteuert, er könne nicht „historisch" erzählen, und daß er

2.2 die Distanz zwischen dem Ereignis, das er beschreiben will, und dem Schreibakt häufig dadurch aufhebt, daß die Schreibsituation selber im Mittelpunkt steht. Die Darstellung seiner augenblicklichen Empfindungen und der sich daran anschließenden oder damit verbundenen Reflexionen überwiegt die Teile des Buches, in denen im Sinne eines Berichtes von Situationen und Geschehnissen erzählt wird. Wenn Ereignisse geschildert werden, so kehrt W. häufig Ursache und Wirkung um. Er beginnt mit dem Ausdruck seiner Gefühle und läßt die Ereignisse folgen.

2.3 Die Anordnung der Briefe im einzelnen folgt keinem festen Schema. Aber sie folgt einem Wechsel zwischen situativen Schilderungen und Ausbrüchen des Gefühls, der den Leser während des ganzen Romans nicht aus der Spannung entläßt. Im Juli und Ende August 1771 bis zur Abreise am 10. 9. 1771 und von Oktober bis Dezember 1772 häufen sich die Gefühlsausbrüche. Während des halben Jahres, das W. bei der Gesandtschaft zubringt, stehen Schilderungen der Situation und Reflexionen im Vordergrund. Aber auch in ihnen ist immer die emotionale Gespanntheit – wie z. B. in den Briefen über den Verdruß mit der Adelsgesellschaft – deutlich spürbar und die Unmittelbarkeit der Schreibsituation erlebbar.

2.4 W. schreibt nicht regelmäßig. Aber er schreibt während der Zeit, die er in der Nähe Lottes verbringt, i. a. alle 2 bis 3 Tage, seltener nur jede Woche oder weniger (August 1772). Er schreibt einige Male auch zweimal am Tag und bringt auch einmal die zweite Niederschrift in Form einer Tagebuchnotiz zu Papier (8. 8. 1771). Die Niederschriften häufen sich, wenn Werthers Gefühl aufs äußerste gespannt ist und der Entladung bedarf. Sie sind in solchen Fällen kurz. Es ist, als habe der Verfasser den Moment der Empfindung mit dem des Schreibens zur Deckung gebracht. Solche Textstellen rufen den Eindruck gesteigerter Spontaneität und Authentizität hervor.

2.5 Auch Werthers Reflexionen lösen im Leser Emotionen aus. Sie sind oft mit seinen Gefühlsausbrüchen eng verbunden, wie z. B. der große Brief vom 18. 8. 1771 über sein verändertes Erlebnis der Natur. Denn W. beschäftigt sich, wie der Leser weiß, nur mit Gegenständen, die sein „Herz" angehen.

2.6 Goethe bedient sich der Gefühlsausbrüche aber nicht nur in der geschilderten Weise, sondern auch um zeitliche Zwischenräume zu überbrücken. Das gelingt ihm dadurch, daß er auch hier Ursache und Wirkung verkehrt. Er beginnt mit dem Gefühl Werthers und läßt erst dann das Geschehen folgen. Der Leser ist sofort in der Situation. Weil die Wirkung des Ereignisses auf das Gefühl unmittelbar ist, fragt der Leser nicht mehr nach dem Zeitraum, der zwischen Ereignis und Brief liegt. Er verwundert sich eher, daß der Schreiber auch Tage nach einem Ereignis noch immer im Zustande größter Erregung ist. Am Beispiel: Zwischen dem 30. 5. und dem 16. 6. 1771 findet der Ball statt, auf dem W. Lotte kennenlernt. Der Tag des Balles wird nicht genannt. Während W. i. a. immer dann schreibt, wenn sein Gefühl nach Entladung drängt, so ist es hier umgekehrt. Er schreibt nicht sofort, weil sein Gefühl über alle Maßen in Anspruch genommen ist. Er ist nicht in der Lage, wie ein „Historienschreiber" zu berichten, was sich ereignet hat. Als er dann schreibt, entlädt er zunächst sein Gefühl, fast stammelnd, und erst dann trägt er in Bruchstücken die Ereignisse nach, die dieses Gefühl hervorgerufen haben.

3. Eine Relativierung von Werthers Perspektive erfolgt aber dennoch.

3.1 Der fiktive Herausgeber ist von Anfang an vorhanden. Er äußert sich zunächst in einem Vorwort, dann mit einigen Anmerkungen, in denen er Änderungen und Auslassungen begründet, und schließlich mit einem Bericht über Werthers Ende.

Er verkörpert „das Moment der historisch – objektiven Narrativität",[1] das im Gegensatz steht zu Werthers gefühlhafter Darstellungsweise.

Der Leser weiß im letzten Teil des Buches und gerade angesichts der Gefühlssteigerungen, die W. schildert, jeden

Augenblick, daß diese Gefühle, Erfahrungen und Erlebnisse begrenzt sind auf die Person Werthers und daß diese Person den Augen des Herausgebers fremdartig erscheint. Dieser ist ein Vertreter der bürgerlichen Welt, der Werthers Schicksal mit Anteilnahme verfolgt und der ihm auch gerecht zu werden versucht, der es aber mit dem Abstand eines Menschen betrachtet, der selbst nicht gefährdet ist. Dieser Abstand wird z. B. deutlich in der Zurückhaltung, mit der er die Beurteilung der Person Alberts durch W. betrachtet. Er beruft sich auf Freunde Alberts, um festzustellen, daß W. diesem gegenüber immer ungerechter geworden sei.

3.2 Werthers Perspektive wird weiter dadurch relativiert, daß er gar nicht in der Lage ist auszudrücken, was in seinem Innern vorgeht. Er verweist mehrfach darauf, daß er nicht sagen könne, was er sagen möchte, daß er das, was er in seinem Innern erlebt, nicht in Worte fassen könne, obwohl er es möchte. Dieses bleibt also, obwohl er immer wieder neu dazu ansetzt, ungesagt und ungestaltet.

W. ringt nach Ausdruck und erfährt, daß die Worte nur ausreichen, um zu sagen, daß er diesen nicht finden kann.

---

1) Gerhard Buhr, Goethe, Die Leiden des jungen Werthers und der Roman des Sturm und Drang. In: Handbuch des deutschen Romans. Hrsg. Helmut Koopmann. Bagel Düsseldorf 1983. S. 229

Interpretationen

Die folgenden vier Interpretationen wurden unter dem Gesichtspunkt ihrer Verschiedenheit ausgewählt. Sie sollen einen Eindruck von der Vielfältigkeit der Aspekte, die der Roman anbietet, und der Gegensätzlichkeit der Betrachtungsweisen, die diese hervorrufen, geben.

I. Arndt und Inge Stephan

Goethes Werther – gesellschaftliche Leiden und Leiden an der Gesellschaft

Nur wenige Werke haben eine so intensive und lange Rezeptions- und Wirkungsgeschichte wie Goethes Werther. Vor mehr als 200 Jahren erschienen, war der Roman Ereignis und Ärgernis zugleich. Die Wirkung kann weder von der literarischen Qualität des Werkes noch von den Lesegewohnheiten des damaligen Publikums allein her erklärt werden. Eine Erklärung des sogenannten »Wertherfiebers«, welches sich in einer Unzahl von Rezensionen, Gegenrezensionen, Pamphleten, Satiren, Spottgedichten, Romanen, Dramen, Elegien, Oden u. a. niederschlug und schließlich zur Vermarktung des Stoffes führte, kann nur im Zusammenhang mit der Entwicklung der bürgerlichen Gesellschaft sinnvoll geschehen.
Goethes *Werther* reagierte auf eine gesellschaftliche Situation, die gekennzeichnet war durch jenen von Marx und Engels hervorgehobenen Aspekt der Misere, der sich aus der historischen Verspätung der Bourgeoisie in ökonomischer und politischer Hinsicht ergab. Während die Bourgeoisie in den angrenzenden westlichen Ländern aufgrund ihres ökonomischen Aufstiegs die politische Macht bereits ergriffen hatte oder aber sie bald ergreifen sollte, war das Bürgertum in Deutschland, das sich erst in Ansätzen und unter großen Schwierigkeiten als Klasse zu konstituieren begann, von jeder politischen Tätigkeit abgedrängt und auf den privaten Bereich verwiesen. Der kleinstaatlich absolutistische Aufbau der Gesellschaft in Deutschland bot dem aufstrebenden Bürgertum kaum Möglichkeiten der Machtteilhabe. Die Folgen waren Resignation, Rückzug in die Innerlichkeit, übersteigerter Sub-

jektivismus, Sentimentalität, Melancholie – Haltungen, die keine anthropologischen Konstanten sind, sondern als Reflexe auf die spezifische gesellschaftliche Situation in der Mitte des 18. Jahrhunderts in Deutschland verstanden werden müssen. Als Kompensation auf die von den Verhältnissen erzwungene politische Abstinenz bot sich die Literatur als eine dem feudalen Despotismus entzogene Enklave an. Sie wurde zum Medium, mit dessen Hilfe sich das Bürgertum einen eigenen Öffentlichkeitsbereich schuf und sich als Klasse zu artikulieren begann. Im Medium der Literatur wurden alle die Probleme diskutiert und alle die Kämpfe ausgefochten, die in den Nachbarländern bereits politisch gelöst waren oder kurz vor der Lösung standen.

Die Verlagerung der bürgerlichen Aktivitäten vom politischen in den ideologischen Bereich konnte nicht ohne Auswirkungen auf die Qualität dieser Aktivitäten bleiben. Diese waren durch den mangelnden Praxisbezug vielfach in sich gebrochen und spiegelten sowohl im Selbstverständnis der Schriftsteller als auch auf der Handlungsebene des jeweiligen Werkes die unterschiedlichen Formen des bürgerlichen Eskapismus, zu denen die erzwungene politische Abstinenz führte.

Andererseits stellte die Literatur die einzige Enklave dar, in der sich die progressiven, mit der internationalen Aufklärungsbewegung verbundenen Tendenzen des Zeitalters und die Ansprüche des Individuums auf allseitige und harmonische Ausbildung relativ frei artikulieren und entfalten und sich schließlich als kritisches Potential gegen die feudale Gesellschaftsordnung formieren konnten. In der Abgeschiedenheit von der politischen Praxis bildete sich ein revolutionärer bürgerlicher Humanismus aus, der ideologisch nicht nur die Grundfesten der feudalen Gesellschaft in Frage stellte, sondern darüber hinauszielend auch die sich gerade herausbildende bürgerlich-kapitalistische Gesellschaftsordnung mit Arbeitsteilung, Entfremdung und Ausbeutung der Kritik unterzog.

Die doppelte Stoßrichtung gegen die Prinzipien der feudalen wie gegen die der sich herausbildenden bürgerlichen Gesellschaftsordnung dokumentiert die Fortgeschrittenheit der Ideologiebildung in einem Teilbereich, sie stellt zugleich jedoch eine Element der Schwäche für die bürgerliche Emanzipationsbewegung dar, da sie, abgekoppelt vom realen Ge-

schichtsprozeß, die Ideologiebildung in einem Teilbereich derart radikalisierte und beschleunigte, daß sie zur historischen Entwicklung in Gegensatz geriet. Wesentliche Prinzipien der bürgerlich-kapitalistischen Gesellschaft wurden bereits zu einer Zeit in Frage gestellt, als ihre Durchsetzung den ungebrochenen Siegeswillen ihrer Träger benötigte.
Goethes *Werther* muß auf dem Hintergrund dieser gesellschaftlichen Situation – der ökonomischen und politischen Rückständigkeit und der spezifischen Lage des Bürgertums – und der sich daraus ergebenden besonderen Funktion der Literatur für die Selbstverständigung des Bürgertums innerhalb des feudalen Systems gesehen werden.
Im *Werther* gestaltete Goethe den Typus des unzufriedenen jungen bürgerlichen Intellektuellen, dessen Integrationsversuche in die ständisch gegliederte Gesellschaft an der starren Hierarchie wie auch an der eigenen ausgeprägten Selbstwertschätzung, die eine Reaktion darauf ist, scheitert. Goethes Roman zeigt die Unmöglichkeit für das bürgerliche Individuum, sich innerhalb des Feudalsystems zu definieren und seine Identität zu finden. Gerade dieser gesellschaftliche Kontext geht verloren, wenn man den *Werther* auf dem Hintergrund eines irrationalistisch gefaßten Sturm und Drang-Begriffs als »Titan der Empfindung« (Gundolf) oder als »Absolutist des Gefühls« (Fricke) interpretiert. Durch eine solche Deutung wird ein historisch angemessenes Verständnis der Sturm und Drang-Bewegung als Teil der bürgerlichen Aufklärungsbewegung abgeblockt und zugleich die Aussage des Romans verfälscht. *Werther* ist nicht der Liebesroman, als der er so gern von Zeitgenossen und der Nachwelt interpretiert worden ist. Er ist vielmehr ein Roman über die Leiden des Individuums. Diese Leiden sind keine individuellen im Sinne einer Krankengeschichte, wie es in der Rezeption immer wieder dargestellt worden ist, sondern diese Leiden sind ganz konkret gesellschaftlich vermittelt und lassen sich auf der Handlungsebene des Werkes präzise nachweisen. In seinem Drang, seine künstlerischen und emotionalen Fähigkeiten und Bedürfnisse frei zu entwickeln, stößt Werther an die doppelten Schranken – sowohl an die der feudalen Gesellschaftshierarchie wie auch an die eines engen bürgerlichen Nützlichkeitsdenkens –, die ihn beide gleichermaßen auf sich selbst und solche Bereiche zu-

rückverweisen, die von der Zivilisation unberührt sind. Der Rückzug in die Natur und die Kinderwelt, die als Teilbereiche den Zivilisations- und Arbeitsprozessen nicht unterworfen sind, kann jedoch nur erkauft werden mit einem Verlust an sozialen Kontakten. Das gilt auch für die künstlerische Betätigung Werthers, die ebenfalls nur bedingt soziale Möglichkeiten enthält.

in: Projekt Deutsch-Unterricht 9, Arndt und Inge Stephan, Literatur der Klassik. J. B. Metzlersche Verlagsbuchhandlung Stuttgart 1975. S. 148–150

Erläuterungen zu Arndt und Inge Stephan, Goethes Werther – gesellschaftliche Leiden und Leiden an der Gesellschaft

Die Autoren deuten den Roman unter dem Aspekt der Entwicklung der bürgerlichen Gesellschaft und beziehen sich dabei auf Marx und Engels. Sie verweisen in einem kurzen historischen Rückblick darauf, daß das Bürgertum in England und Frankreich ökonomisch aufgestiegen gewesen sei und infolgedessen die politische Macht bereits ergriffen hatte oder im Begriff war, sie zu ergreifen – sie beziehen sich also auf die französische Revolution von 1789 – wohingegen das deutsche Bürgertum sich überhaupt erst als Klasse zu bilden begonnen habe. Die Rückständigkeit des deutschen Bürgertums bringen die Autoren mit dem Aufbau der deutschen Gesellschaft in Zusammenhang, nämlich mit ihrer Organisation in Kleinstaaten unter absolutistisch regierenden Fürsten. Sie erklären den „Rückzug in die Innerlichkeit" aus der Tatsache, daß das Bürgertum in der herrschenden gesellschaftlichen Organisation nicht oder kaum an der Macht beteiligt gewesen sei. Denn die Formen dieser Innerlichkeit, wie z. B. „übersteigerter Subjektivismus", seien keine im Wesen des Menschen verankerten und damit unveränderlichen Haltungen, sondern „Reflexe auf die spezifische gesellschaftliche Situation in der Mitte des 18. Jhdts in Deutschland". Die Psyche des Menschen ist also eine tabula rasa, die durch die gesellschaftlichen Erfahrungen, die sie macht, geprägt wird. Die Literatur sei die einzige Möglichkeit gewesen, Kompensation für die „erzwungene politische Abstinenz" zu finden und damit dem „feudalen

Despotismus" auszuweichen. Sie sei das Medium geworden, in dem das Bürgertum sich als Klasse zu artikulieren begonnen habe. Die Tatsache, daß den Schriftstellern jeder Praxisbezug gefehlt habe, sei die Erklärung dafür, daß sie in ihrem Selbstverständnis und daß ihre Werke sehr unterschiedliche Formen von bürgerlichem „Eskapismus" hätten erkennen lassen, daß also keine einheitliche Ideologie entstanden sei. Die Literatur habe jedoch die Möglichkeit geboten, die progressiven Tendenzen der Aufklärung mit den Ansprüchen des Individuums auf Entfaltung aller seiner Kräfte „relativ frei" zu artikulieren.
Daraus sei „ein revolutionärer bürgerlicher Humanismus" – man kann das Wort hier mit „Menschenbild" übersetzen – entstanden, und dieser habe sich nun gleichzeitig nicht nur gegen die feudale Gesellschaftsordnung des Absolutismus, sondern ebenso gegen die „sich gerade herausbildende bürgerlich-kapitalistische Gesellschaftsordnung mit Arbeitsteilung, Entfremdung und Ausbeutung" gewandt. Die Autoren sehen in dieser Entwicklung sowohl „Fortgeschrittenheit" der Ideologisierung wie auch „ein Element der Schwäche" der bürgerlichen Emanzipationsbewegung. Die „Fortgeschrittenheit" liegt ihrer Meinung nach darin, daß die Literatur wichtige Prinzipien der bürgerlich-kapitalistischen Gesellschaft bereits zu einem Zeitpunkt erkannt und in Frage gestellt habe, zu dem sie noch nicht einmal ausgeprägt waren. Aber eben dieses Vorgreifen sei auch der Grund für ihre Schwäche. Die Ideologiebildung sei in Gegensatz zur historisichen Entwicklung geraten und habe diese behindert. Hinter dieser Sicht steht die marxistische Geschichtsauffassung:
„Die Wirtschaftsordnung bestimmt den Gang der Geschichte, die letztlich ein ständiger Kampf um wirtschaftliche Güter ist: die begünstigte Klasse sucht die bestehende Ordnung zu erhalten, die benachteiligte, sie zu ändern. Infolgedessen ist ‚alle Geschichte eine Geschichte von Klassenkämpfen'. Denn die Dialektik der Entwicklung führt dazu, daß die ausgebeutete, revolutionäre Klasse immer stärker wird, sich erhebt und die alte herrschende Klasse stürzt. Damit hilft sie einer neuen im Schoße der alten inzwischen herangereiften Gesellchaftsordnung zum Durchbruch. Stets siegt die fortschrittliche Klasse. Alle Ideen, Religionen, Rechtsbegriffe, Rechtsordnungen und Staatsformen, auch alle Sitten und Traditionen ‚wurzeln in den

materiellen Lebensverhältnissen', deren ideologischer Überbau sie sind. Ändern sich die materiellen Lebensverhältnisse, so ändert sich auch der ideologische Überbau."
(Grundriß der Geschichte. Ausgabe B. III. Von 1850 bis zur Gegenwart. o.J.. Ernst Klett Verlag Stuttgart S. 58)
In dem dargestellten Gesamtzusammenhang wird nun Goethes „Werther" gesehen.
Danach zeigt Goethes Roman „die Unmölichkeit für das bürgerliche Individuum, sich innerhalb des Feudalsystems zu definieren und seine Identität zu finden". Werthers Leiden sind „ganz konkret gesellschaftlich vermittelt", d. h. sie sind keine „individuellen im Sinne einer Krankheitsgeschichte". W. ist danach kein Liebesroman.

II Erich Trunz, Nachwort zu J.W. Goethe, Die Leiden des jungen Werther.

Durch *Werther* ist der neuzeitliche deutsche Roman eigentlich erst geschaffen; er erscheint hier als Roman der Seele und zugleich und damit zusammenhängend als bildhafte Beobachtung des Lebens und der Welt.
Für den deutschen Roman des 18. Jahrhunderts bedeutete *Werther* das erste Auftreten hoher und edler Leidenschaft; für den europäischen Roman gab es dies schon durch Rousseau. Aber Rousseaus Auffassung der Liebe ist eine andere, er trennt die Seelenliebe von der Ehe, und sein Roman der Leidenschaft, die „Nouvelle Héloïse", bringt im dritten und vierten Teil geradezu ein Gegenbild von *Werther:* die Heldin ist mit ihrem Manne glücklich verheiratet und zugleich mit einem anderen in Seelenliebe vereint, nachdem dieser gelernt hat, seine Leidenschaft zu überwinden. Werthers Liebe ist eine psychophysische Ganzheit; und Lottes Liebe zu Albert ist es auch. In dieser Liebesauffassung (die sich seither so allgemein durchgesetzt hat, daß sie heutigen Lesern selbstverständlich erscheint) war *Werther* neu und bahnbrechend.
Das andere Neue war: Es ist der erste große tragische Roman, nicht nur für Deutschland, sondern auch für Europa [...].
Die Gestaltung des Tragischen, welche Geschichte machte, hatten die Griechen geschaffen in ihrer Tragödie; hier hatte das

französische Drama angeknüpft. Shakespeare hatte als genialer Schöpfer eine neue Tragik im Bühnenspiel hingestellt. Im 18. Jahrhundert galt als Darstellungsform des Tragischen immer das Drama. Die moderne Form des Prosa-Romans war dafür neu. Sie war in *Werther* innerlich begründet, weil es sich um eine Tragik handelt, die vor allem durch den inneren Seelenzustand verursacht ist. Das Entscheidende ist nicht die äußere Situation, daß Lotte verheiratet ist, sondern die innere, daß Werther die Liebe zu etwas Absolutem macht. Das Tragische ist, daß Werthers Größe zugleich auch seine Krankheit ist. Hier liegt der innere Grund seiner Katastrophe. Weil die Liebe für ihn schlechthin alles bedeutet, bedeutet die Verlegung dieses Weges schlechthin das Nichts, d. h. den Tod. Werther muß sich das Leben nehmen, weil er sonst seine Liebe relativieren würde. Erst sein freiwilliger Tod bedeutet das reine Absolut-Setzen der Liebe; und daß er hierzu fähig ist, unterscheidet seine Tat von der eines gewöhnlichen Lebensmüden und hebt sie aus dem Bereich des Unglücks in das der Tragik. Um diesen inneren Zusammenhang darzustellen, war die Form des Briefromans sehr viel geeigneter als die des Dramas.
Auch durch das Thema des Selbstmordes war das Buch etwas Neues. In der Welt des 18. Jahrhunderts, die in festen kirchlichen Bahnen lebte und in ihren geistigen Kreisen von den optimistischen Gedanken der Aufklärung durchformt war (den Gedanken eines Fortschritts durch Vernunft), war der Selbstmord eine Ungeheuerlichkeit, die allenfalls möglich war bei *einfältigen* Menschen, wie Albert im Gespräch mit Werther sagt. Gellert traf den Geschmack der Zeit in seiner Schilderung eines Jünglings, der seiner spröden Geliebten sagt, er wolle sich umbringen, das dann aber keineswegs tut („Der Selbstmord" in „Fabeln und Erzählungen" 1746). Daß Goethe den Selbstmord hier als Tat eines geistigen, hochgebildeten Menschen schilderte und ihn gerade aus der Verfeinerung und Geistigkeit entspringen ließ, machte das Buch zu einem Einbruch in das Weltbild der Aufklärung und der Orthodoxie, aus deren Kreisen man dementsprechend auch mit Abscheu darauf reagierte. Dieser Roman der Tragik und des freiwilligen Todes war etwas anderes als die empfindsame Grabdichtung bei Young und anderen Zeitgenossen, die bei elegischen Klagen und weitschweifigen Betrachtungen blieben.

So war dieses Werk in allen seinen entscheidenden Zügen etwas Neues. Es ist der erste Roman, in welchem ein Mensch das Absolute sucht durch Erlebnisse in dieser Welt, durch Naturerleben und Liebe; es ist also der erste Roman der neuen Weltfrömmigkeit, wie es später Hölderlins „Hyperion", Jean Pauls große Romane und Goethes *Wanderjahre* sind. Es ist ein Roman, der zwei Mysterien ausspricht: das der Einheit von Liebe und Religion und das der Verbindung von Liebe und Tod. Durch alle diese Züge ist *Werther* nicht nur groß als Kunstwerk, sondern ist auch in der geschichtlichen Entwicklung etwas Umstürzendes. In den Bereich des deutschen Romanschaffens der Zeit kommt durch *Werther* plötzlich ein Werk von tiefem Gehalt und vollendeter Form. Die Folge war, daß hinfort für Deutschland eine neue Epoche der Prosadichtung begann.

in: J.W. Goethe, Die Leiden des jungen Werther, Ausgabe dtv 1984, S. 167/168

Erläuterungen zu Erich Trunz, Nachwort zu J.W. Goethe, Die Leiden des jungen Werther

Erich Trunz betrachtet den „Werther" unter dem Aspekt seiner Problematik und fragt nach der Bedeutung des Werkes in der geistigen Situation der Zeit.
Die Problematik erkennt er nicht in den äußeren Ereignissen und gegebenen Verhältnissen wie etwa den gesellschaftlichen, sondern findet sie vor allem im „inneren Seelenzustand" Werthers begründet, darin nämlich, daß er die Liebe zu etwas Absolutem mache. Das sei Größe und Krankheit zugleich. Da die Liebe für W. „schlechthin alles" bedeute, müsse eine „Verlegung dieses Weges schlechthin das Nichts, d.h. den Tod" bedeuten. W. müsse „sich das Leben nehmen, weil er sonst seine Liebe relativieren würde". Mit seinem Tod besiegele er „das reine Absolut-Setzen der Liebe". Trunz bringt diesen Vorgang in Zusammenhang mit dem Begriff der „Tragik", den er vom Drama auf den Roman überträgt, und bezeichnet den „Werther" als ersten großen tragischen Roman „für Europa".
Unter Tragik hat man hier zu verstehen, daß W. in einen unlösbaren Konflikt gerät, der darin besteht, daß er die Liebe zu Lotte absolut setzt, aber erfahren muß, daß sie als „psychophysische

Ganzheit" an den Normen der vorgegebenen Ordnung, die er anerkennt, scheitert.
Die Bedeutung des „Werther" in seiner Zeit sieht Trunz u.a. darin, daß er „neuzeitlich" sei in der Problematik und neu auch darin, daß er als Roman tragisch sei. Denn das Tragische sei im 18. Jhdt immer auf das Drama begrenzt gewesen. Auch in der Behandlung des Selbstmord – Themas habe der Roman neue Wege beschritten. Trunz bezeichnet ihre Wirkung als „Einbruch in das Weltbild der Aufklärung und der Orthodoxie". Damit sind die kirchlichen Kreise gemeint, die sich dogmatisch eng an das überlieferte kirchliche Lehrgebäude hielten und dieser Interpretation der christlichen Lehre das religiöse und geistige Leben mit den daraus entspringenden Folgen für alle anderen Lebensbereiche zu unterwerfen suchten.

III Klaus Oettinger, Eine Krankheit zum Tode

Was Goethe im Gespräch mit Bodmer zur Verteidigung der moralischen Indifferenz seines Romans gesagt hatte, wird in einem Brief Lavaters vom 10. Juli 1777 genauer überliefert:
„‚*Historiam morbi* zu schreiben ohne angegebene Lehren a. b. c. d.', sagte mir einst Goethe, da ich ihm einige Bedenklichkeiten über seinen Werther ans Herz legte, ‚ist tausendmal nützlicher als alle noch so herrlichen Sittenlehren, geschichtlich oder dichterisch dargestellt. Siehe, das Ende dieser Krankheit ist Tod! Solcher Schwärmereien Ziel ist Selbstmord! Wer's aus der Geschichte nicht lernt, lernt's gewiß aus der Lehre nicht.' "
Goethe hält Lavater, der offenbar Bedenken moralischer Art geäußert hatte, entgegen, daß ‚Werthers Leiden' nicht als moralische Geschichte konzipiert sei und also auch nicht als poetisches Exempel für irgendwelche moralische Sätze gelesen werden dürfe. In ‚Werthers Leiden' geht es nicht um Moralität, sondern um Kausalität. Der Roman ist als Darstellung eines zum Tode führenden Krankheitsverlaufs, pointiert gesagt: als „Natur-Historie" eines Selbstmords zu lesen.
Selbstmord und Krankheit hat Goethe auch später immer wieder miteinander assoziiert, wenn er auf den ‚Werther' zu sprechen kam. Und er gibt „dieser wunderlichen, so natürlichen als unnatürlichen Krankheit" auch immer den gleichen Namen:

„taedium vitae". Er bedient sich damit eines Begriffs, der bei der Suche nach Motivationen von Selbstmordhandlungen seit eh und je eine Rolle gespielt hat. Ob dieser ursprünglich in der Stoa beheimatete Begriff in der Antike eine nosologische Bedeutungskomponente besessen hatte, müßte von der Altphilologie geklärt werden. In der Neuzeit ist „taedium vitae" jedenfalls nicht als eigentliche Krankheit anerkannt worden, „taedium vitae" gilt als ein Status, den der Betroffene bei hinreichender Willensanstrengung selbsttätig zu verändern durchaus in der Lage ist. Goethe hingegen begreift „taedium vitae" als einen Zustand, der durch eine geradezu zwanghaft fortschreitende Reduktion der Aussicht auf Lebensalternativen gekannzeichnet ist, der im äußersten Stadium zum Selbstmord führt. Was der Selbstmord als letzte Konsequenz dieser Krankheit bedeutet, läßt Goethe in seinen Überlegungen zum „taedium vitae" offen. Der Roman gibt darauf eine Antwort.
Zunächst ist daran zu erinnern, daß Werther selbst den pathologischen Aspekt des Selbstmords erkannt hat, er reflektiert darüber wiederum in dem oben bereits erwähnten Brief vom 12. August. Als Albert erklärt, für ihn sei der Selbstmord „nichts anders als eine Schwäche [...], denn freylich ist es leichter zu sterben, als ein qualvolles Leben standhaft zu ertragen", wirft ihm Werther schiere Unverständigkeit vor: einem Selbstmörder Feigheit zu unterstellen, sei ebenso unsinnig, „als es ungehörig wäre, den einen Feigen zu nennen, der an einem bösartigen Fieber stirbt", und er fährt fort:
„Wir nennen das eine Krankheit zum Tode, wodurch die Natur so angegriffen wird, daß theils ihre Kräfte verzehrt, theils so außer Würkung gesetzt werden, daß sie sich nicht wieder aufzuhelfen, durch keine glückliche Revolution, den gewöhnlichen Umlauf des Lebens wieder herzustellen fähig ist [...] laß uns das auf den Geist anwenden. Sieh den Menschen an in seiner Eingeschränktheit, wie Eindrücke auf ihn würken, Ideen sich bey ihm fest sezzen, bis endlich eine wachsende Leidenschaft ihn aller ruhigen Sinneskraft beraubt, und ihn zu Grunde richtet."
Zur Erläuterung erzählt Werther nun die Geschichte eines unglücklichen liebenden Mädchens, das „blind, in die Enge gepreßt von der entsezlichen Noth ihres Herzens [...] in einem rings umfangenden Tode all ihre Qualen zu erstikken" sucht

und sich ertränkt. Werther resümiert: „Ist das nicht der Fall der Krankheit? Die Natur findet keinen Ausweg aus dem Labyrinthe der verworrenen und widersprechenden Kräfte, und der Mensch muß sterben." In einem solchen Falle mit Argumenten der Alltagsklugheit daherzukommen, sei eben, „als wenn einer sagte: der Thor! stirbt am Fieber! hätte er gewartet, bis sich seine Kräfte erhohlt, seine Säfte verbessert, der Tumult seines Blutes gelegt hätten, alles wäre gut gegangen, und er lebte bis auf den heutigen Tag!" Werther kommt es in dieser Auseinandersetzung mit Albert vor allem darauf an, deutlich zu machen, daß diese Krankheit notwendig, unaufhaltsam und unausweichlich zum Tode führt, daß der Selbstmord als ein Element der Krankheit ein unvermeidlicher Akt ist.
Das alles ist hier zwar allgemein gesprochen, aber der Leser ist sich bereits zu diesem Zeitpunkt darüber im klaren, daß Werther hier im Grunde seinen eigenen Fall verhandelt. Werther weiß, daß er krank ist, und er weiß auch, daß diese seine Krankheit nicht zu heilen ist (28. August). Er kann diese Krankheit nicht diagnostizieren, nicht einmal ihre Symptome genau beschreiben: „Manchmal ergreift mich's, es ist nicht Angst, nicht Begier! es ist ein inneres unbekanntes Toben, das meine Brust zu zerreissen droht, daß mir die Gurgel zupreßt." (8. Dezember). Aufgeklärt, wie er ist, weiß er wohl, daß er nicht vom Teufel besessen sein kann, aber unfähig, seine Krankheit mit den konventionellen nosographischen Kategorien zu fassen, vergleicht er seinen Zustand mit dem jener „Unglücklichen [...], von denen man glaubte, sie würden von einem bösen Geiste umhergetrieben". (8. Dezember). Das ist der verzweifelte Versuch eines Kranken, dem Gesunden die Erfahrung eines Leidens zu vermitteln, das diesem selbst fremd ist. Werther wirbt im Disput mit Albert, in der Korrespondenz mit Wilhelm, im Zwiegespräch mit Lotte darum ,als Kranker anerkannt zu werden, – und nur bei Lotte scheint ihm dies zu gelingen, jedoch auch da nicht zweifelsfrei: „Werther, sagte sie mit einem Lächeln, das mir durch die Seele ging, Werther, sie sind sehr krank, ihre Lieblingsgerichte widerstehen ihnen. Gehen sie! Ich bitte sie, beruhigen sie sich [...] Gott! du siehst mein Elend, und wirst es enden." (4. Dezember).
Aus der Sicht der Psychiatrie des 20. Jahrhunderts ist Werthers Leiden eindeutig Krankheit. Diese These kann sich auf

die Autorität Hubert Tellenbachs stützen, der in einer imposanten Studie über literarische Darstellungen krankhafter Schwermut ein Kapitel auch dem ‚Werther' gewidmet hat. „Keine Wissenschaft", schreibt Tellenbach, „kann jemals die Phänomene der Schwermut so zwingend erfassen und darstellen, wie sie uns aus Werthers sinnendem Dasein entgegentreten und uns erschüttern."

in: Der Deutsch-Unterricht 2/1976 S. 64/65

Erläuterungen zu Klaus Oettinger, Eine Krankheit zum Tode

Bereits die Überschrift zeigt, welchen Aspekt Oettinger in den Vordergrund rückt. Er befaßt sich in seinem Aufsatz nur am Rande mit den gesellschaftspolitischen Bezügen des „Werther" und mit seiner inhaltlichen Problematik im Zusammenhang mit der geistig – literarischen Situation der Zeit. Stattdessen betrachtet er das Werk vornehmlich aus der Sicht der Psychiatrie. Zu dieser Betrachtung fühlt er sich dadurch legitimiert, daß Goethe selbst gegenüber Lavater davon gesprochen habe, daß er eine „historiam morbi" geschrieben habe, d. h. eine Krankheitsgeschichte, und dadurch, daß W. selbst von seinen Leiden als von einer Krankheit spreche, die „unaufhaltsam und unausweichlich zum Tode führt". Er beruft sich auch darauf, daß Goethe „auch später immer wieder" Selbstmord und Krankheit in einen Zusammenhang gebracht habe, wenn er auf den „Werther" zu sprechen gekommen sei. Oettinger nennt einen Begriff, den Goethe für den Zusammenhang zwischen beiden gebraucht hat, nämlich das „taedium vitae", zu verstehen als Ekel, Überdruß, Widerwillen gegenüber dem Leben. Dieser Begriff habe „bei der Suche nach Motivationen von Selbstmordhandlungen seit eh und je eine Rolle gespielt". Er stamme aus der Stoa (einer philosophischen Schule, die um 300 v. Chr. Geb. in Athen entstand), aber es sei ungeklärt, ob er in der Antike im Zusammenhang mit Krankheit gebraucht worden sei (Nosologie ist die Lehre von den Krankheiten). In der Neuzeit jedenfalls sei „taedium vitae" nicht als Krankheit, sondern als ein Zustand verstanden worden, den der Betroffene durch „Willensanstrengung selbsttätig zu verändern durchaus in der Lage" sei. Goethe jedoch betrachte das „taedium

vitae" als Krankheit, die zu einem Zustand führe, „der durch eine geradezu zwanghaft fortschreitende Reduktion der Aussicht auf Lebensalternativen gekennzeichnet" sei und „im äußersten Stadium" den Selbstmord zur Folge habe. Als Belege zieht Oettinger den Brief Werthers vom 12. 8. 1771 heran und verweist auf weitere Briefe bis zum 4. 12. 1772.
Die Sichtweise der modernen Psychiatrie ist für Oettinger deshalb interessant, weil sie diese Deutung bestätigt.
Oettinger bezieht sich vor allem auf die „Autorität" Hubert Tellenbach, einen Psychiater, der das von Goethe so genau beschriebene Krankheitsbild als „krankhafte Schwermut" diagnostiziert.

IV Helmut Schmiedt, Woran scheitert Werther?

Nach all diesen Überlegungen erscheint es nicht statthaft, den Werther in das enge Korsett historischer Gesetze zu zwängen. Um es zu wiederholen: Eine Erklärung seines Scheiterns kann von ihnen nicht absehen, muß aber die Eigenwilligkeit voll anerkennen, unter der Goethe mit ihnen verfährt; die geschichtliche Entwicklung in ihrer Widersprüchlichkeit wird in der des Romans zitiert, prägt sie, ist aber, auch wenn man beides bis in die subtileren Einzelheiten ausleuchtet, nicht mit ihr identisch. „Die wirkliche Ursache seines Scheiterns ist [. . .] zu suchen in dem Zustand der Reife, zu dem das bürgerliche Individuum sich heraufgebildet hat, in seiner hohen Entwicklungsstufe, die es ihm verbietet, sich in eine ihm nicht gemäße Gesellschaftsform einzufügen" – wir können das bestätigen, aber die Schattenseiten des Individualismus erscheinen uns facettenreicher, in einem anderen Sinne widersprüchlich, als diese Bemerkung Arnold Hirschs[1] es suggeriert. Die Liebeshandlung des Romans wird gedeutet als Revolte „gegen den Eigentumsbegriff der Klassengesellschaft im allgemeinen, gegen die Verwandlung der Liebe in eine Ware und gegen die Entwürdigung der Frau im besonderen"[2] – gewiß, aber Werther selbst reproduziert die Vorstellung vom ‚Besitz' einer Frau, und auch wenn wir darin eine distanzierende Stellungnahme sehen, bleibt die Be-

1) „Die Leiden des jungen Werthers". Etudes Germaniques Jg. 13/1958, S. 242.
2) Reuter, H. H., „Der gekreuzigte Prometheus". In: Goethe – Jahrbuch Bd. 89/ 1972. S. 86 – 115, S. 101 f.

obachtung gültig, daß er ebenso eigensinnig mit Lotte verfährt, wie er sich andererseits in die Abhängigkeit von ihr begibt: Herrische Attitüde schlägt um in kindliche Unterwürfigkeit, diese enthält das Veto gegen sich, indem die Flucht vor den Konflikten neue Konflikte nach sich zieht, Harmonie in kindlicher Unschuld also nur anstreben kann, und diese Bewegung setzt sich stetig fort, so daß sie begrifflich nie im Sinne eines Klischees zu fassen ist. Scherpe sieht die gesellschaftliche Wirklichkeit „dargestellt am Beispiel eines Individuums, welches die für die bürgerliche Lebensordnung konstitutiven Widersprüche erkennt und erleidet"[3] – daß es sie erkennt, d.h. bewußt wahrnimmt, läßt sich bezweifeln, daß es sie erleidet, dagegen nicht; freilich bleibt es nicht dabei, eine konträre Position deutet sich an, aber auch diese wird relativiert und erzeugt ihre eigene Gegenbewegung, und auf dieser Basis charakterisiert sich das Individuum selbst durch die Widersprüche, die seine Umwelt so abweisend wirken lassen. Der Roman formuliert die Probleme seiner Zeit mit großer Präzision, wehrt sich gegen dominante Tendenzen, läßt Alternativen denkbar erscheinen und begegnet ihnen wieder auf dem Weg der Negation. Jede Deutung, die den *Werther* als Zustandsbeschreibung erfaßt und ihm dabei nur jene Dynamik zuerkennt, die den historischen Verhältnissen seiner Zeit ohnehin innewohnt, verharmlost ihn. Andererseits haben Studien wie die von Ernst Feise[4] und Gustav Hans Graber[5] zwar mit psychologischer Sorgfalt die eher privaten Aspekte von Werthers Leiden untersucht und vor allem auf das Bedürfnis nach mütterlicher Fürsorge schon hingewiesen; die umfassende Antwort auf die Frage nach Werthers Scheitern läßt sich aber erst in der Zusammenschau der verschiedenen Deutungsansätze geben. Die historische Gebundenheit des Kunstwerks ist dabei nicht in Zweifel zu ziehen, wohl aber die Einförmigkeit, mit der es oft an geschichtliche Realitäten gekoppelt zu werden droht. Goethe spiegelt die Gesellschaft und ihre dialektische Bewe-

3) a.a.O. Werther und Wertherwirkung. S. 55.

4) „Goethes Werther als nervöser Charakter". In: The Germanic Review Bd. 1/ 1926. S. 185 – 253.

5) „Goethes Werther. Versuch einer tiefenpsychologischen Pathographie". Acta Psychotherapeutica, Psychosomatica et Orthopaedagogica Bd. 6/1958. S. 120 bis 136.

gung, aber die Negation, mit der er arbeitet, bezieht sich auf nahezu jeden Aspekt, den der Roman zitiert; sie ist prozessual, kennt keinen definitiven Abschluß, kein statisches Verharren. Schlechthin alles, was aus der wirklichen in die fiktionale Welt transponiert wird, sieht sich in seinen Schwächen bloßgestellt, entlarvt und mit einer aus ihm entwickelten Antithese konfrontiert, der es aber nicht anders geht. So legt sich der *Werther* quer zu den bestehenden Verhältnissen und allen zunächst plausibel wirkenden Alternativmodellen; das macht ihn unpolitisch und in anderer Hinsicht zugleich im höchsten Grade politisch aktuell. Indem er dergestalt zum uneingeschränkten Weiterdenken auffordert, entfaltet er seine innovative Funktion: Es läßt sich kein Standort inner- oder außerhalb der Gesellschaft denken, an dem man sich beruhigt niederlassen kann; das Weiterdenken selbst ist das letzte Ziel solcher Argumentation, die ihm allerdings, in der Negation, durchaus hilfreiche Orientierungspunkte setzt.
Vielleicht war dies: die strikte Einrede gegen jede vorgeprägte Sinngebung des Lebens, sei sie ‚systemkonform' oder nicht, sei sie den christlichen Idealen oder einer Säkularisation des Denkens verpflichtet, das eigentlich Provozierende und Revolutionäre, letzthin auch bis heute das Moderne des Werkes. Wir erwarten von der Kunst, daß sie unseren Blick auf Neues lenkt, sich gegen geistige Erstarrung sperrt. Goethes Jugendroman erfüllt dieses Bedürfnis: Nicht, indem er zeigt, was ist und was sein könnte, sondern indem er mit aller Konsequenz beobachtet, was, auf jeder voraussehbaren Stufe der Entwicklung, nicht sein sollte. Wer dieser Tendenz auf die Spur kommen möchte, darf Werthers Individualität nicht ‚zwingend' aus den historischen Gesetzmäßigkeiten ableiten wollen, er darf sie aber auch nicht in ahistorischer Isolierung beschreiben. Der *Werther* überschreitet den von seiner realen Umwelt gesetzten Rahmen, ohne sich von ihm zu lösen; sein Überschuß an Argumentationskraft geht über die empirische Gesellschaft hinaus und lebt doch von ihr. So durchdringen und entfernen sich voneinander das Allgemeine, Politische und das literarische Individuelle; der Verlust dieses Spannungsverhältnisses könnte fatale Folgen haben. Ein zeitgenössischer Autor, Peter Handke, hat diese Gefahr erkannt. Als sein Held Wilhelm, der der Titelfigur des Goetheschen *Meister*-Romans nachgebildet ist, von

der noch unmöglichen Harmonie träumt: „Wenn nur beide, das Poetische und das Politische, eins sein könnten", läßt die kritische Antwort nicht auf sich warten: „Das wäre das Ende der Sehnsucht und das Ende der Welt."

In: Poetica Nr. 11/1979. S. 102–104.

Erläuterungen zu Helmut Schmiedt, Woran scheitert Werther?

Helmut Schmiedt beschäftigt sich nicht mit bestimmten Aspekten des Inhaltes oder Gehaltes, die der Roman anbietet. Er verweist hingegen auf den das ganze Werk beherrschenden Sachverhalt, daß nahezu alle Aussagen, die im Roman über Menschen, die Natur, das Leben und die Gesellschaft gemacht werden, widersprüchlich sind. Als Beispiele führt Schmiedt u. a. das Problem Gesellschaft – Individuum und die Liebeshandlung des Romans an.
Er ist der Meinung, daß W. nicht einseitig mit der geschichtlichen und gesellschaftlichen Entwicklung seiner Zeit zu erklären sei. Der Roman formuliere zwar „die Probleme seiner Zeit mit großer Präzision" und lasse auch „Alternativen denkbar erscheinen". W. glaubt ja, seinen individuellen Bedürfnissen abseits der Gesellschaft leben zu können. Aber – so meint Schmiedt – auch die Alternative werde wiederum in Frage gestellt, so daß letztlich keine Position als sanktioniert gelten könne. W. muß ja erfahren, daß sein von der Gesellschaft losgelöstes Leben nicht zur Erfüllung, sondern zur Isolierung und Lähmung führt. „Die Schattenseiten des Individualismus" werden ebenso vorgeführt wie die des Lebens in der Gesellschaft. Die Liebeshandlung bietet nach Schmiedt ein ähnliches Bild. Es bleibe „die Beobachtung gültig, daß er (W.) ebenso eigensinnig mit Lotte verfährt, wie er sich andererseits in die Abhängigkeit von ihr begibt". Und so sehe sich „schlechthin alles, was aus der wirklichen in die fiktionale Welt transponiert wird [...] in seinen Schwächen bloßgestellt, entlarvt und mit einer aus ihm entwickelten Antithese konfrontiert, der es aber nicht anders geht".
Der W. fordere damit zum uneingeschränkten Weiterdenken auf, und jede Deutung, die ihn „als Zustandsbeschreibung" erfasse, verharmlose ihn. Schmiedt vermutet, daß „das eigent-

lich Provozierende und Revolutionäre" seine „strikte Einrede gegen jede vorgeprägte Sinngebung des Lebens" sei. In dem Spannungsverhältnis, in dem „das Allgemeine, Politische und das literarische Individuelle" zueinander stünden, erkennt er das eigentlich Lebendige und Weiterführende des Werkes, seine Modernität.

Rezeption

Das Erscheinen des „Werther" im Herbst 1774 war eine Sensation. Das Buch zog nicht nur ein großes Lesepublikum, auch im Ausland, an, sondern die Anteilnahme am Schicksal des Helden steigerte sich bis zum „Wertherfieber".[1] In dessen Gefolge kam es zu Selbstmorden, so daß die öffentlichen Autoritäten aufgeschreckt wurden und das Buch sogar verboten wurde. K. Scherpe beschreibt die Situation:

„Für die Zeitgenossen war der *Werther* ein Affront. Seine Wirkung dokumentiert sich in Rezensionen und Gegenrezensionen, in Pamphleten, Satiren, Spottgedichten, moralisierenden Wertherepisteln und vor allem in der Schwemme von Romanen, Dramen, Elegien und Oden, die am Wertherstoff zustimmend oder ablehnend weiterdichteten. Goethes Roman störte auf das empfindlichste die Erwartung des bürgerlichen Publikums, das gewohnt war, in seiner Romanlektüre Nutzen und Vergnügen angenehm verbunden zu finden. Nicht nur als Störer des Ehefriedens, vielmehr als Störfaktor der bürgerlichen Wertvorstellungen überhaupt, erregte Werther Anstoß. Allein die Zahl der um das Wohl ihrer Schützlinge besorgten Pastoren, Schulmeister und Professoren, der Juristen, Polizeiminister, Magistraten und Offiziere im Ruhestand, nicht zuletzt der beunruhigten Hausväter und Salondamen, die allesamt zur Feder griffen, spricht für die Sprengkraft der im Werther exponierten Meinungen und Verhaltensformen."[2]

„Die moralisierende Kritik der Pädagogen, Theologen und Geschmacksrichter machte Werthers Seelengeschichte zum öffentlichen Streitobjekt. Die Verteidigung und Kultivierung des Werthergefühls vollzieht sich dagegen im Rückzug auf private Bereiche: im Freundeskreis, im literarischen Salon, im empfindsamen Zirkel – nicht selten unter fürstlicher Patronage – übt man sich in der Rechtfertigung des Idols und in der Hingabe an seinen Empfindungsreichtum. Eine mitternächtliche Prozession zum Werthergrab in Garbenheim erregte den Unwillen der Wetzlarer Stadtobrigkeit. [...] Der eigentliche Wertherkult blieb eine Sache der gebildeten Stände. Werthers Eigenschaften, seine Kleidung und Spruchweisheiten wurden

---

1) u. 2) s. S. 124.

als empfindsame Tändelei modisch in Gebrauch genommen. Werthers exzentrische Sprache wird verplaudert: Sie taugt zur Umgangssprache der Liebenden und versichert sie der Außerordentlichkeit ihrer zarten Beziehungen. Wird ein Mitmensch als „Herr Albert" tituliert, so liegt darin der ganze Abscheu der Seelenfreunde vor der bürgerlich-vernünftigen Kanaille.[3)]

Wenn das bürgerliche Lesepublikum daran gewöhnt war, „Nutzen und Vergnügen" in seiner Lektüre „angenehm verbunden zu finden", so heißt das zunächst, daß Romane Stoffe anbieten mußten, die im Erfahrungsbereich der Lesenden lagen, also nachvollziehbar waren, und mit denen sich Spannung erzeugen ließ. Wenn sie Nutzen bringen sollten, so bedeutete das, daß sie den herrschenden Wertvorstellungen entsprechen mußten, also Vernunft und Tugend am Beispiel zu lehren hatten. Literatur orientierte sich an sachfremden Gesetzmäßigkeiten. Sie war Erziehungsmittel und hatte in erster Linie einen pädagogischen Zweck.

Im Beispiel:
Wenn – wie in Richardsons „Pamela" – die Versuchung eines jungen abhängigen Mädchens durch seinen Herrn geschildert wurde, so richtete sich die Erwartung der Leser auf den pikanten Stoff und die Frage, ob und wie die Heldin mit der Versuchung fertig werden würde, und nicht darauf, was Liebe, was Leidenschaft sein könnten und was sie anzurichten vermöchten. Subjektive menschliche Erfahrungen um ihrer selbst willen, d. h. losgelöst von ihrem Bezugssystem, wurden nicht geschildert. Sie waren nicht Gegenstand von Literatur. Das hatte u. a. zur Folge, daß die handelnden Figuren kein oder nur ein geringes Eigenleben gewinnen konnten.

„Die Leiden des jungen Werther" veränderten diese Situation von Grund auf. Die Distanz des Romans zu dem, woran die Leser gewohnt waren, war so groß, daß sie ihren Lese-Horizont dieser Veränderung nicht oder kaum und jedenfalls nicht sofort anpassen konnten. So kam es, daß es in erster Linie der Stoff war, insbesondere der Selbstmord als anstößigstes Ereignis darin, der die Wirkung des Buches ausmachte.

---

1)2)3) Scherpe, K. R., Werther und Wertherwirkung. Zum Syndrom bürgerlicher Gesellschaftsordnung im 18. Jh. Verlag Gehlen. Bad Homburg v. d. H. 1970. S. 31(1). S. 14/15(2). S. 100(3)

Die folgende Übersicht soll andeuten, welche Tabus der Roman durchbrach, und nachvollziehbar machen, daß er das Lesepublikum spaltete.

1. Der Roman verfolgt keinen Zweck. W. beruft sich auf kein überliefertes Wertesystem, sondern einzig und allein auf sein Herz. Dieses ist der einzige Maßstab seines Handelns, d. h. die Individualität einer Person, ihre jeweils besondere Verbindung von Gefühls- mit Verstandeskräften hat Vorrang vor geltenden „Regeln" auf allen Gebieten des Lebens.
2. Religion ist private Erfahrung des Göttlichen in der Natur und in der Seele des einzelnen. Sie ist nicht gebunden an kirchliche Lehre.
3. Liebe und Leidenschaft als Naturkräfte des Menschen können alle Normen sprengen und ihre eigene Gesetzmäßigkeit entwickeln. Liebe ist eine Ganzheit, sie umfaßt Körper und Seele. (Noch Rousseau hatte in seiner „Nouvelle Héloïse – 1761 – beide Bereiche getrennt.)
4. Selbstmord ist kein Verbrechen, da legitimiert durch die individuelle Entwicklung des Täters.
5. Die bürgerliche Erwerbswelt hat keinen Anspruch auf den genialen Einzelnen, z. B. den Künstler. Seine Tätigkeit wird bestimmt durch seine individuelle Schöpferkraft. Ihn können auch die akademischen Regeln nicht binden. Seine Qualifikation als Künstler erweist sich in dem Grad, in dem sich Gegenstand/Stoff und künstlerische Darstellung decken. Die *Natur* des jeweiligen Gegenstandes, mit dem er sich künstlerisch befaßt, liefert dem Künstler die Voraussetzungen für die Gestaltung. Im Beispiel: Die monologische Briefform und der lyrische Prosastil, die Goethe zur Darstellung der Subjektivität des W. wählt, entsprechen seinem „Gegenstand". Er kann in ihnen z. B. maßlose Leidenschaft eines Menschen zeigen.

   G. befreit damit auch die Ästhetik der Zeit von sachfremden Rücksichten.

Sein W. ist Ausdruck des veränderten Denkens und Empfindens, das sich über Jahrzehnte hin entwickelt hatte.

Einige Beispiele für die zeitgenössische Rezeption des W.

Rezeption der „Leiden des jungen Werthers"
(Zitierungen nach „Zeitgenössische Rezensionen und Urteile über Goethes „Werther". Hrsg. von Herman Blumental, Berlin 1935.)

Schubart 1774:
„– Da sitz ich mit zerfloßnem Herzen, mit klopfender Brust, und mit Augen, aus welchen wollüstiger Schmerz tröpfelt, und sag Dir, Leser, daß ich eben *die Leiden des jungen Werthers* von meinem lieben *Göthe* – gelesen? – Nein, verschlungen habe. Kritisieren soll ich? Könnt ichs, so hätte ich kein Herz. [...] Soll ich einige schöne Stellen herausheben? Kann nicht; das hiesse mit dem Brennglas Schwamm anzünden, und sagen: Schau, Mensch, das ist Sonnenfeuer! – Kauf's Buch, und lies selbst! Nimm aber dein Herz mit! – Wollte lieber ewig arm seyn, auf Stroh liegen, Wasser trinken und Wurzeln essen, als einem solchen sentimentalischen Schriftsteller nicht nachempfinden können."

Jakobi 1774:
„Wer gefühlt hat, und fühlt, was Werther fühlte; dem verschwinden die Gedanken, wie leichte Nebel vor Sonnenfeuer, wenn er's bloß anzeigen soll. Das Herz ist einem so voll davon, und der ganze Kopf ein Gefühl von Thräne. O Menschenleben, welche Gluth von Qual und Wonne vermagst du in dich zu fassen! Da liegt er im Kirchhof unter den zwo Linden im hohen Grase. Tief ist sein Schlaf, niedrig sein Küssen von Staub; und o wenn wird es Morgen im Grabe, zu bieten dem Schlummerer: Erwache! Armer Werther! Unglücklichere Lotte! [...]
Habe warmen, herzlichen Dank, guter Genius, der du Werthers Leiden den edlen Seelen zum Geschenke gabst."

Gräfin Stolberg 1775:
„Sagen Sie mir, ich bitte Sie, was sagen Sie zu ‚Die Leiden des jungen Werther'? Ich kann Ihnen versichern, daß ich fast nichts – ich nehme allein unsern Klopstock aus – mit dem Entzücken gelesen habe. Ich weiß fast das ganze Buch auswendig. Der erste Teil insonderheit hat ganz göttliche Stellen, und der zweite ist schrecklich schön."

Christian Ziegra, Kanonikus an der Domkirche zu Hamburg 1775:
Welcher Jüngling kann eine solche verfluchungswürdige Schrift lesen, ohne ein Pestgeschwür davon in seiner Seele zurück zu behalten, welches gewiß zu seiner Zeit aufbrechen wird. Und keine Zensur hindert den Druck solcher Lockspeisen des Satans? Ewiger Gott! Was für Zeiten hast du uns erleben lassen!

Schiller 1794:
„Es ist interessant zu sehen, mit welchem glücklichen Instinkt alles was dem sentimentalischen Charakter Nahrung giebt, im *Werther* zusammengedrängt ist; schwärmerische unglückliche Liebe, Empfindsamkeit für Natur, Religionsgefühle, philosophischer Contemplationsgeist, endlich, um nichts zu vergessen, die düstre, gestaltlose, schwermüthige Ossianische Welt. Rechnet man dazu, wie wenig empfehlend, ja wie feindlich die Wirklichkeit dagegen gestellt ist, und wie von aussen her alles sich vereinigt, den Gequälten in seine Idealwelt zurückzudrängen, so sieht man keine Möglichkeit, wie ein solcher Charakter aus einem solchen Kreise sich hätte retten können."

Heine 1828:
Betrachten wir nur den Goetheschen „Werther". Sein erstes Publikum fühlte nimmermehr seine eigentliche Bedeutung, und es war nur das Erschütternde, das Interessante des Faktums, was die große Menge anzog und abstieß. Man las das Buch wegen des Totschießens. Es liegt aber noch ein Element im „Werther", welches nur die kleinere Menge angezogen hat, ich meine nämlich die Erzählung, wie der junge Werther aus der hochadeligen Gesellschaft höflichst hinausgewiesen wird. Wäre der „Werther" in unseren Tagen erschienen, so hätte diese Partie des Buches weit bedeutsamer die Gemüter aufgeregt als der ganze Pistolenknalleffekt.

zitiert nach: Egar Neis, J. W. von Goethe, Die Leiden des jungen Werthers
Ulrich Plenzdorf, Die neuen Leiden des jungen W., Ein Vergleich
Bausteine Deutsch 5. L. Bange Verlag Hollfeld/Oberfranken 1985 S. 87/88

Entstehung und Fassungen des Romans

I. Entstehung

An der Entstehung des Romans „Die Leiden des jungen Werther" sind drei Begebenheiten aus Goethes Leben beteiligt, die in die Jahre 1772 bis 1774 fallen. Sie betreffen

1. Goethes Liebe zu Charlotte Buff
2. Goethes Neigung zu Maximiliane La Roche
3. den Selbstmord des Legationssekretärs Carl Wilhelm Jerusalem

zu 1) Goethe ging nach dem Abschluß seiner juristischen Studien zur praktischen Ausbildung an das Reichskammergericht in Wetzlar. Er blieb dort von Mai bis September 1772. Am 9. 6. 1772 lernte er auf einem Ball in Volpertshausen Charlotte Buff kennen, die mit dem Gesandtschaftssekretär Johann Christian Kestner so gut wie verlobt war. Charlotte war die zweitälteste Tochter des Amtmanns Heinrich Adam Buff, dessen Frau 1771 gestorben war. Aus der Ehe stammten 12 Kinder. Seit dem Tod der Mutter führte Lotte dem Vater den Haushalt und sorgte für die Geschwister. Kestner, ihr Verlobter, beschreibt sie in einem Brief an einen Freund:

An v. Hennings vom 18. November 1772:

„An sie wandte sich alles, auf ihr Wort geschah alles, und jedes folgte ihrer Anordnung, ja ihrem Wink; und was das vornehmste war, es schien als wenn die Weisheit ihrer Mutter ihr zum Erbtheil geworden wäre. Bis diese Stunde hat sich solches erhalten; Sie ist die Stütze der Familie, die Liebe, die Achtung derer, die dazu gehören, und das Augenmerk derer, welche dahin kommen. – Ich sage ihnen, es ist ein halbes Wunderwerk, ohngeachtet weder sie selbst, noch die Familie, es merkt, und jedes meynt es müßte so seyn."

in: Erläuterungen und Dokumente. J. W. Goethe, Die Leiden des jungen Werthers. hrsgg. von Karl Rothmann. Reclam Stuttgart Nr. 8113(2) 1984, S. 82

Goethe verliebte sich leidenschaftlich in Charlotte und war auch dem Verlobten in Freundschaft verbunden. Dieser, ein

tüchtiger, großzügiger, stark durch seine Geschäfte in Anspruch genommener Mann, war arglos und sah es nicht ungern, daß Goethe seine Braut im Haus oder auf Spaziergängen unterhielt, wenn er selbst es nicht tun konnte. Lotte ihrerseits wußte jederzeit deutlich zu machen, daß Goethe mehr als Freundschaft nicht zu erwarten hatte.
Im Roman ist Albert diesem Mann nachgebildet.
zu 2) Am 11. 9. 1772 verließ Goethe fluchtartig, ohne von Albert und Charlotte Abschied zu nehmen, Wetzlar und besuchte auf seinem Weg nach Frankfurt die mit ihm befreundete Familie La Roche. Dort lernte er die 16jährige Tochter Maximiliane kennen, die knapp zwei Jahre später den Kaufmann Peter Brentano heiratete und zu diesem nach Frankfurt zog. Goethe faßte zu Maximiliane eine besondere Neigung und blieb ihr auch nach ihrer Eheschließung verbunden. Da der Ehemann ihn jedoch mit Eifersucht verfolgte, zog er sich schließlich zurück. Charlotte und Maximiliane sind die Vorbilder der Lotte-Figur im Roman geworden. Der eifersüchtige Kaufmann Brentano färbte das Bild Alberts negativ ein.
zu 3) Carl Wilhelm Jerusalem war wie Goethe als Jurist in Wetzlar. Goethe kannte ihn seit seiner Studienzeit in Leipzig, stand ihm aber nicht nahe. Jerusalem war ein gebildeter junger Mann, zwei Jahre älter als Goethe, der sich besonders mit Malerei, Dichtung und Philosophie beschäftigte. Sein Vorgesetzter war der braunschweigische Gesandte. Mit diesem hatte er „kundbar heftige Streitigkeiten" (Kestners Bericht über Jerusalems Tod in Rothmann a.a.O.S.92). Außerdem hatte er sich in eine verheiratete Frau verliebt, die seine Zuneigung nicht erwiderte. Darüber hinaus war er „mißvergnügt", weil „ihm gleich Anfangs [...] der Zutritt in den großen Gesellschaften auf eine unangenehme Art versagt worden [...]" (Kestners Bericht über Jerusalems Tod in Rothmann a.a.O. S. 92).
Jerusalem erschoß sich in der Nacht vom 29. auf den 30. 10. 1772. Als Goethe von dem Selbstmord erfuhr, bat er Kestner um einen ausführlichen Bericht über Jerusalems Ende, den er auch erhielt. Viele Einzelheiten aus diesem Bericht sind in den Roman eingegangen. Dafür zwei Beispiele:
3.1 Jerusalem hatte sich Kestners Pistolen für eine Reise erbeten und diese auch erhalten, weil Kestner keinerlei Kenntnis von den Schwierigkeiten hatte, in denen Jerusalem sich be-

fand. Die Worte, mit denen dieser die Pistolen von Kestner erbeten hatte, nimmt Goethe fast wörtlich in den Roman auf.
3.2 Kestner beschreibt detailliert die letzten Stunden Jerusalems. Goethe nimmt diese Schilderung ebenfalls fast wörtlich in seinen Roman auf.
Dieser enthält also viele Einzelheiten, die der Wirklichkeit, wie er sie in Wetzlar erlebt und durch Kestners Bericht über Jerusalems Tod erfahren hatte, entnommen sind. Aber diese Wirklichkeit wird nicht bloß abgebildet, noch ist aus ihr der Roman einsinnig zu erklären. Goethe bildet aus ihr eine neue, poetische Wirklichkeit.
Er schrieb den Roman im Februar/März 1774 in einem Zuge nieder.

II. Fassungen

Die vorliegende Untersucheung beruht auf der 2. Fassung des Werkes, in der es Goethe seit 1787 drucken ließ.

Die 1. Fassung des Werkes

1774 Der „Werther" erscheint im Erstdruck in Leipzig
2 weitere Drucke folgen noch im gleichen Jahr.

1775 Ein Berliner Verleger druckt unrechtmäßig den „Werther" nach. Dieser Druck enthält willkürliche Änderungen und zahlreiche Fehler.

1787 **Die 2. Fassung des Werkes**

Da Goethe kein Exemplar der 1. Fasung mehr besaß, lieh er sich 1782, bei Beginn der Arbeit, von Frau von Stein ein Exemplar des fehlerhaften Berliner Nachdrucks. Dieses ließ er abschreiben und brachte in dieser Handschrift seine Veränderungen und Ergänzungen an. Er übernahm fast alle Fehler und Änderungen, die der Berliner Verleger unerlaubt vorgenommen hatte.

Einige Beispiele:

1. Wichtige Veränderungen
   In der 1. Fassung ist die Mundart stärker ausgeprägt als in der 2. Fassung
   Stilistische Eigenwilligkeiten, die dem Sprachgebrauch des Sturm und Drang entsprachen, sind geglättet, Fremdwörter sind eingedeutscht.
   Die Figur des Albert erscheint sympathischer.
2. Wichtige Ergänzungen
   Die Geschichte mit dem Bauernburschen
   Erweiterung des Herausgeberteils um gut ein Drittel
   (vgl. J. W. Goethe, Die Leiden des jungen Werther. Kommentar von Erich Trunz. Ausgabe dtv S. 212 – 215
   vgl. Stefan Blessin, J. W. Goethe, Die Leiden des jungen Werther. Verlag M. Diesterweg. Frankfurt/M. 1. Aufl. 1985. S. 21 – 23)

Die 2. Fassung weicht damit erheblich von der 1. ab. Sowohl Glättung als auch Erweiterung nehmen ihr einen Teil der revolutionären Wirkung, die die 1. Fassung gekennzeichnet hatte. Goethe hatte Abstand gewonnen von der Epoche des Sturm und Drang, und er hatte die Folgen im Auge, die das erste Erscheinen des Buches verursacht hatte.
Außerdem waren es künstlerische Gesichtspunkte, die ihn bewogen, bestimmte Änderungen vorzunehmen, und die erzürnten Reaktionen von Lotte und Kestner trugen auch dazu bei. Goethe veränderte die Gestalt des Albert so, daß „ihn wohl der leidenschaftliche Jüngling, aber doch der Leser nicht verkennt". (Brief 2. 5. 1783 in Ausgabe dtv S. 144))

Die 2., von Goethe sanktionierte, Fassung ist diejenige geworden, in der die meisten Leser den „Werther" kennenlernten und kennenlernen.

Übersicht

I. Wichtige Begriffe zu Inhalt und Gehalt
II. Wichtige Episoden
III. Einzelne Motive

I. Inhalt/Gehalt

– Schöpferische Produktivität	10. 5., 26. 5., 24. 7., 22. 8. 1771
Religion Religiöses Gefühl	10. 5., 10. 9. 1771, 9. 5., 3. 11., 15. 11., 22. 11., 30. 11. 1772, Abschiedsbrief im Hg. Bericht
Selbstmord	22. 5., 16. 7., 12. 8., 30. 8. 1771, 15. 3., 12. 10., 30. 11., 12. 12., 20. 12. 1772, Hg. Bericht

II. Episoden

Der Bauernbursche	30. 5. 1771, 4. 9. 1772, Hg. Bericht
Der irre Blumenpflücker	30. 11., 1. 12. 1772

III. Motive

Bäume	26. 5., 1. 7. 1771, 9. 5., 15. 9. 1772, Hg. Bericht S. 95, Abschiedsbrief S. 122
Brunnen	12. 5., 15. 5., 6. 7. 1771
Musik	16. 7. 1771, 24. 11. 1772, 4. 12. 1772, Hg. Bericht S. 107
Pistolen	12. 8. 1771, Hg. Bericht S. 118 – 120
Schleifen	16. 6., 28. 8. 1771, Hg. Bericht S. 123

Literaturverzeichnis

Ausgaben und Erläuterungen

Goethe, J.W., Die Leiden des jungen Werther. Hrsgg. und kommentiert von Erich Trunz. Hamburger Ausgabe. 6. Auflage 1984. dtv 2048 bei C. H. Beck'sche Verlagsbuchhandlung München
Die Ausgabe wird zitiert mit:
(Ausgabe dtv S. . . .)

Goethe, J.W., Die Leiden des jungen Werthers. Reclam Universal Bibliothek Nr. 67 (2). Philipp Reclam jun.. Stuttgart 1948

Goethe, J.W., Die Leiden des jungen Werthers. Erläuterungen und Dokumente. Hrsgg. von Kurt Rothmann. Reclam Universal Bibliothek Nr. 8113 (2). Philipp Reclam jun.. Stuttgart 1971

Ausgewählte weiterführende Literatur

Blessin, Stefan, J.W. Goethe, Die Leiden des jungen Werther. Verlag Moritz Diesterweg. 1. Aufl. 1985

Buhr, Gerhard, Goethe, Die Leiden des jungen Werthers und der Roman des Sturm und Drang. In: Helmut Koopmann. Handbuch des dt. Romans. Bagel Düsseldorf 1983

Emmel, Hildegard, Geschichte des deutschen Romans Bd I. Sammlung Dalp. Francke Verlag Bern 1972

Fricke/Schreiber, Geschichte der deutschen Literatur. 16. Aufl. F. Schöningh Paderborn 1974

Hotz, Karl Goethes ‚Werther' als Modell für kritisches Lesen. Materialien zur Rezeptionsgeschichte. 3. Auflage. Ernst Klett Verlag. Stuttgart 1980

Jauß, H. R., Ästhetische Erfahrung und literarische Hermeneutik. Darin: Rousseaus ‚Nouvelle Héloïse' und Goethes ‚Werther' im Horizontwandel zwischen französicher Aufklärung und deutschem Idealismus. Suhrkamp Verlag Frankfurt/M 2. Auflage 1984

Link, H., Rezeptionsforschung. Urban Taschenbuch Nr. 215. Verlag W. Kohlhammer Stuttgart 1976

Meyer-Kalkus, Reinhart, Werthers Krankheit zum Tode. Pathologie und Familie in der Empfindsamkeit. In: Urszenen. Hrsgg. von Kittler/Turk. Suhrkamp Verlag Frankfurt/M 1977

Mog, Paul, Unbehagen in der Kultur – Leiden an der Natur. Goethe: Die Leiden des jungen Werthers. In Ratio und Gefühlskultur. Studien zur dt. Literatur. Band 48. Max Niemeyer Tübingen 1976

Neis, Edgar, J.W. von Goethe, Die Leiden des jungen Werthers. Ulrich Plenzdorf. Die neuen Leiden des jungen W. Ein Vergleich. Bausteine Deutsch. C. Bange Verlag Hollfeld/Obfr. 1986

Oettinger, Klaus, Eine Krankheit zum Tode. Zum Skandal um Werthers Selbstmord. In: Der Deutsch-Unterricht. Heft 2. April 1976. Ernst Klett Verlag Stuttgart

Sauder, Gerhard, Subjektivität und Empfindsamkeit im Roman. In: Hinck, Walter, Sturm und Drang. Athenäum Taschenbücher 2133 Literaturwissenschaft. Athenäum Verlag 1978 Kronberg/Ts

Scherpe, Klaus, Werther und Wertherwirkung. Verlag Gehlen. Bad Homburg v. d. Höhe 1970

Schmiedt, Helmut, Woran scheitert Werther? In: Poetica Nr. 11/1979 Verlag B.R. Grüner Amsterdam

Stephan, A. u. I., Werther und Werther – Rezeption. In: Projekt Deutsch-Unterricht 9. Literatur der Klassik. Hrsg. Bodo Lecke. I. B. Metzlersche Verlagsbuchhandlung Stuttgart 1975

Wilpert, Gero von, Lexikon der Weltliteratur 2. Auflage. A. Kröner Verlag Stuttgart 1968

Wilpert, Gero von, Sachwörterbuch der Literatur. A. Kröner Verlag Stuttgart 1955